História & Natureza

HISTÓRIA &... REFLEXÕES

Regina Horta Duarte

História & Natureza

2ª edição

autêntica

Copyright © 2005 Regina Horta Duarte

COORDENADORES DA COLEÇÃO
Eduardo França Paiva
Carla Maria Junho Anastasia

PROJETO GRÁFICO DA CAPA
Jairo Alvarenga Fonseca
(Sobre a fotografia "Bench overlooking Zabriskie Point", de Declan McCullagh)

EDITORAÇÃO ELETRÔNICA
Waldênia Alvarenga Santos Ataíde

REVISÃO
Rodrigo Pires Paula

EDITORA RESPONSÁVEL
Rejane Dias

Revisado conforme o Acordo Ortográfico da Língua Portuguesa de 1990, em vigor no Brasil desde janeiro de 2009.

Todos os direitos reservados pela Autêntica Editora. Nenhuma parte desta publicação poderá ser reproduzida, seja por meios mecânicos, eletrônicos, seja via cópia xerográfica, sem a autorização prévia da Editora.

AUTÊNTICA EDITORA LTDA.

Belo Horizonte
Rua Aimorés, 981, 8º andar . Funcionários
30140-071 . Belo Horizonte . MG
Tel.: (55 31) 3214 5700

São Paulo
Av. Paulista, 2073 . Conjunto Nacional
Horsa I . 11º andar . Conj. 1101
Cerqueira César . 01311-940 . São Paulo . SP
Tel.: (55 11) 3034 4468

Televendas: 0800 283 1322
www.autenticaeditora.com.br

	Duarte, Regina Horta
D812h	História & natureza / Regina Horta Duarte . – 2. ed. – Belo Horizonte : Autêntica Editora, 2013.
	112 p. – (História &... Reflexões, 9)
	ISBN 978-85-7526-159-2
	1.Meio ambiente. I.Título. II.Série.
	CDU 502

Para Vera e Mônica, minhas irmãs.

AGRADECIMENTOS

Este livro é uma busca de comunicação. Sempre limitada aos interlocutores da academia, encontro-me agora na busca de dirigir-me a um público mais amplo e, principalmente, mais jovem. Nessa direção, busquei escrever abandonando as convenções da literatura científica, caprichando no uso da linguagem coloquial, ignorando a prática das extensas e, muitas vezes, monótonas notas de pé de página. A bibliografia utilizada encontra-se detalhada no final do texto para os que desejarem conferir. Ao leitor, fica a decisão se tive algum sucesso.

Contei com a confiança de Adriana Romeiro, Eduardo França Paiva e Carla Anastasia para a indicação e convite para participar da coleção *História & Reflexões*. Ao Eduardo, caríssimo editor, agradeço ainda a leitura cuidadosa, as excelentes sugestões e a ajuda imensa na escolha da iconografia. Também foi essencial o convívio com meus alunos da graduação em História da UFMG, com quem venho compartilhando, nos últimos tempos, várias das reflexões aqui expostas. José Augusto Drummond tem sido um interlocutor constante, bem humorado, inteligente e generoso.

Impossível tocar no assunto gratidão sem mencionar Duarte, Dora, Güydo, Pedro, Vera, Mônica, Thiago, Babita, Daniel, Güydinho, Carol e Jéssica. Paulo, sempre no meu coração. Lúcia e sua generosidade para ajudar nos apertos diários. Tom me convidou para assistir *Zabriskie Point* no antigo cine Acaiaca e enganou o porteiro sobre nossa idade, pois, além de muitos sonhos e uma grande paixão, só tínhamos dezesseis anos e a censura exigia dezoito... Antônio e Manoel me oferecem, a cada dia, bilhões de motivos para ser feliz no presente e, o que é ainda mais precioso, ter esperança no futuro.

Finalmente, agradeço à UFMG e ao CNPq, instituições públicas brasileiras que sempre me apoiaram como estudante, professora e pesquisadora.

SUMÁRIO

Capítulo I
Os historiadores em diálogo com seu tempo.................... 11
A sociedade contemporânea e a natureza............................. 11
O otimismo desenvolvimentista.. 14
Entre flores e barricadas.. 18
E nada era tão simples assim.. 23
Rearranjos para o desenvolvimento...................................... 26
O nascimento da história ambiental...................................... 30

Capítulo II
Sociedade, natureza e história.. 35
História e devastação.. 35
Todo dia era dia de índio... 39
Interações frutíferas.. 44
Contraponto... 48
Outras histórias em vários cantos do mundo........................ 53
... E no Brasil.. 58
Novos ventos para Portugal e Brasil.................................... 64
A busca da origem é inimiga da história.............................. 72

Capítulo III
História e História Ambiental... 75
Fundindo os miolos... 75
Natureza, naturezas... 78
Natureza e historiadores.. 88
Caminhos e fronteiras da História Ambiental...................... 93

Referências... 104

CAPÍTULO I

Os historiadores em diálogo com seu tempo

A sociedade contemporânea e a natureza

Vivemos uma época em que o meio ambiente tornou-se um tema "quente", aparecendo por toda parte, desde discursos de presidentes e primeiros ministros de vários países, textos de revistas e jornais, programas de televisão em horário nobre e até em propagandas de carros para trilhas ecológicas. Nas escolas, o assunto reciclagem encontra-se cada vez mais presente nos livros didáticos, nas aulas e nas várias atividades propostas aos alunos. A expressão "desenvolvimento sustentável" também se tornou comum na fala das mais variadas pessoas. Enfim, parece que o nosso mundo tornou-se obcecado pela natureza e sua preservação.

Mas como a vida é mesmo cheia de contradições, essa mesma sociedade atual – que elegeu o meio ambiente como um de seus temas mais populares – é a mesma na qual o consumo de bens e produtos alcançou um nível nunca antes conhecido por nenhuma outra sociedade ao longo da história do homem. Você pode entender muito bem sobre isso se pensar no seu dia a dia e em alguns fatos da vida recente. Os jovens que brincaram (ou desejaram brincar) de *Game Boy* na infância assistiram à chegada do *Game Boy Advanced*, do *Game Boy Advanced SP* e, recentemente, do *Nintendo DS* e do *Sony PSP*. Ao *SuperNintendo* seguiram-se o *Nintendo 64*, o *Play Station, Play Station 2* e o *Game Cube*. Por sua vez, os jogos se tornam cada vez mais sofisticados, e os antigos cartuchos foram substituídos por CDs.

Objetos de desejo e consumo, céu e inferno desde a mais tenra idade.
(Foto: Regina Horta Duarte, 2005)

Nesse nosso mundo, adquirir os mais novos bens do mercado tornou-se um ato de prazer para as pessoas – como muito bem demonstram as mensagens veiculadas na *mídia* –, e muitas vezes a felicidade chega mesmo a ser identificada com o poder de comprar. Para comprovar isso, basta atentar para a propaganda do cartão de crédito que – mostrando os jovens, ricos, sorridentes, belos e absolutamente perfeitos Gisele Bündchen e Rodrigo Santoro comprando tudo em milhões de lojas – traz, como trilha sonora, o rock *I'm free*, no qual Mick Jagger canta sua liberdade de fazer o que quer (*I'm free to do all I want, any old time...*) Se no início dos anos 1970 – quando a música foi gravada no álbum *More Hot Rocks* –, ser livre, tinha outras conotações para a geração Woodstock (dentre elas a negação do *status quo* e da sociedade de consumo), agora o rock assume uma interpretação bem-comportadinha: ser livre, jovem, bonito e feliz significa poder comprar tudo e pagar com seu cartão de crédito.

Mas essa alegria dura muito pouco, é extremamente fugaz. Se alguém realiza o sonho de ter uma máquina fotográfica digital, vai ser quase imediatamente seduzido por um novo desejo de consumo: um computador no qual possa processar suas fotos e uma impressora na qual possa imprimi-las em um tipo de papel a ser especialmente comprado. O mesmo ocorre com celulares: o último modelo anunciado pelas mais charmosas *super models* – menor, mais leve e que, além do seu *design* incrível, toca músicas, traz joguinhos, tira fotos, filma, acessa a Internet, envia mensagens e as fotografias tiradas e as imagens filmadas – faz o seu quase recém-comprado aparelho parecer um dinossauro extinto há milhões de anos. O consumo é, simultaneamente, o céu e o inferno das pessoas, seja pelo prazer que o ato proporciona, seja pela infindável frustração que o acompanha, quase imediatamente após sua efetivação.

Daí surge outra questão importante: ao lado do ideal do desenvolvimento sustentável, há também a grande preocupação dos governos, economistas, empresários, trabalhadores e investidores com as taxas anuais de crescimento econômico. Qualquer país comemora o aumento do poder de consumo dos seus cidadãos, assim como o crescimento das indústrias, da produção de automóveis, da exploração de fontes petrolíferas, da produção agrícola e das exportações de seus mais variados produtos. Tudo isso significa a criação de empregos, a estabilidade da economia interna, a confiabilidade do país no mercado internacional e o aumento do nível de vida da população.

A busca do crescimento de forma sustentável tornou-se, assim, algo essencial em nosso tempo e não é um desafio fácil de ser resolvido. O estilo de vida voltado para o consumo enche nosso planeta de embalagens e objetos que, tão logo são comprados, tornam-se obsoletos. A reciclagem apresenta--se como uma solução, mas nosso planeta parece afogado em garrafas *pets*, montanhas de restos orgânicos, sacolas plásticas, baterias e carcaças.

Todos esses fatores citados mobilizam, portanto, nosso mundo atual. Mas nem sempre foi assim. Qualquer pessoa que frequente a escola, nos dias que correm, aprende sobre o caráter limitado dos recursos hídricos da Terra. Mas há cerca de 40, ou 30 anos atrás, a grande ênfase era de que ¾ de nosso planeta era composto de água e, especialmente, que o Brasil possuía água como poucos lugares do mundo e isso era mais uma garantia do destino gigante do nosso país. O grande pressuposto baseava--se na ideia de abundância a ser usufruída, não do limite. Essa é apenas uma ponta do *iceberg* de uma transformação maior da postura das sociedades atuais em relação à natureza. O que aconteceu e o que mudou? O que abalou o otimismo presente na ideia de um planeta com bens abundantes a serem usufruídos, sem preocupações? Quais as bases desse otimismo anterior?

O otimismo desenvolvimentista

Logo após a Segunda Guerra Mundial, a Europa, recém--destruída pelas batalhas, era palco de esperanças e empreendimentos de reconstrução, enquanto os Estados Unidos da América emergiam como grande potência econômica e política, consolidando sua hegemonia no sistema capitalista mundial. Por meio do Plano Marshall, em 1948, os Estados Unidos empreenderam uma ajuda econômica decisiva à Europa Ocidental, com a transferência de 19 bilhões de dólares, atitude certamente impulsionada pelo temor do perigo de alinhamento à União Soviética, tal como ocorrera com vários países do leste Europeu. Naqueles mesmos anos, surgiram novas categorias para se pensar o mundo, presentes em discursos de grandes autoridades políticas mundiais, economistas e capitalistas: as denominações Primeiro Mundo – no qual se incluíam os EUA e os países europeus ocidentais industrializados –, Segundo

Mundo – constituído pelos países industrializados comunistas – e Terceiro Mundo, que englobava todos os países pobres e não industrializados da África, Ásia e América Latina, também chamados de países subdesenvolvidos.

Muitas vezes usamos essas classificações – Primeiro e Terceiro Mundo, desenvolvimento e subdesenvolvimento – como termos tão bem estabelecidos em nosso vocabulário, sem nos darmos conta de seu surgimento naquele momento histórico, no qual havia jogos de interesses e enfrentamentos políticos bastante específicos. Pois, seria mesmo quase possível datar o seu aparecimento definitivo, sendo o início de seu uso corrente o dia 20 de janeiro de 1949, quando Harry Truman, presidente eleito dos Estados Unidos, referiu-se às "áreas subdesenvolvidas" em seu discurso de posse. É claro que a palavra "desenvolvimento" já existia anteriormente: ela era um termo corrente na biologia e associava-se aos estágios dos seres vivos, assim como "crescimento", "evolução" e "maturação". O que mudava era o sentido dado ao termo e a forma como passou a ser utilizado, estendendo-se ao pensamento sobre as sociedades como mais ou menos próximas de um modelo natural do que elas deveriam necessariamente ser.

Note-se que há, nessa linha de raciocínio, um padrão para o julgamento de todas essas sociedades (algo do tipo: "aqueles pobres coitados!"), com indicativos do que lhes faltava e do que deveriam fazer para alcançarem o nível desejado de desenvolvimento. Ao mesmo tempo, a recorrência a um termo científico fundava a noção de que a organização social não eram instituições constituídas social e historicamente e resultantes das lutas e escolhas dos homens, mas antes eram apresentados como caminhos estabelecidos desde sempre e revelados pioneiramente pelos países industrializados e desenvolvidos, como se esses estivessem indubitavelmente no topo da escala social. Ou seja: o mundo industrializado e capitalista era apresentado como uma finalidade não apenas desejada mas, principalmente, era o único modelo realmente válido de organização da sociedade. Aquele seria o único mundo possível e cabia às nações subdesenvolvidas esforçarem-se para sair de sua pobreza e afirmar-se numa nova ordem apresentada como o único mundo possível.

O discurso do presidente Truman apoiava-se no argumento de uma imensa generosidade dos "desenvolvidos" junto aos países pobres. Ele observava que mais da metade da humanidade vivia na miséria, mal alimentada e doente, vítima de uma economia primitiva e estagnada. Isso não era novo, mas pela primeira vez – dizia o poderoso político – a humanidade possuía o conhecimento e a habilidade para enfrentar o problema e resolver o sofrimento dessas pessoas. Nesse momento, o primeiro mundo se dispunha a ajudá-los a conhecer os benefícios do conhecimento tecnológico e a realizar as aspirações de uma vida melhor. A produção e a industrialização apoiadas nos modernos conhecimentos científicos eram as chaves para a paz e a prosperidade tão ansiadas por todos.

E de onde vinha tanta generosidade? Além de todos os mais diversos interesses envolvidos, ela certamente se amparava num grande otimismo frente às promessas da ciência e, especialmente, na visão da tecnologia como "fórmula mágica" para os males das sociedades. Havia um silêncio sobre a inserção desses saberes em pretensões e conflitos políticos nos quais eram apropriados: tanto a ciência quanto a tecnologia eram apresentadas como práticas neutras e isentas, consequentemente detentoras de verdades e preceitos incontestáveis. Cabia aos países pobres seguir as prescrições, caso quisessem entrar no rumo correto da história. Para tanto, podiam contar com a orientação segura dos já desenvolvidos, especialmente os EUA, numa clara infantilização de inúmeras sociedades.

A ideia salvacionista dos países ditos periféricos como crianças a serem guiadas por adultos conscientes não era uma metáfora incomum nos discursos articuladores do argumento desenvolvimentista. O relatório da visita à Colômbia em 1950 por uma missão do *International Bank for Reconstruction and Development* (Banco Internacional para a Reconstrução e o Desenvolvimento) afirmava que o sucesso daquele país seria garantido se o seu povo verdadeiramente se esforçasse para salvá-lo. Tal acontecimento seria ainda um exemplo louvável a todos os outros subdesenvolvidos. Segundo o relatório, países como a Colômbia possuíam invejáveis recursos naturais, cuja exploração demandava a aplicação de tecnologias modernas disponíveis no Primeiro Mundo.

A disposição de partilhar tais conhecimentos e práticas certamente se fazia por motivos mais inconfessáveis. O próprio presidente Truman, no discurso já citado, demonstrava uma clara percepção da falência dos velhos sistemas de exploração coloniais, tanto pela ascensão de movimentos de independência em velhas colônias da Ásia e África, a ascensão de movimentos nacionalistas na América Latina, como pela marcha bem-sucedida do avanço comunista: afirmava a impropriedade do antigo imperialismo e projetava um programa de desenvolvimento baseado em princípios de distribuição justa e democrática. Os Estados Unidos pareciam lidar com a certeza de que o fracasso em estabelecer novas formas de hegemonia teria um preço realmente alto, pois incorreria no alinhamento de mais países ao bloco soviético. Somada a essa questão política, havia ainda a conquista de mercados e o acesso a recursos naturais.

Ao mesmo tempo, acenava-se com uma perspectiva extremamente otimista. Afirmava-se, sem qualquer dúvida, que se conhecia o caminho certo e único possível para a humanidade. Idealizava-se um futuro em que todos os países conheceriam a prosperidade e o progresso. Bastava que aceitassem o receituário desenvolvimentista, e todas as nações conheceriam uma nova era de riqueza, industrialização, agricultura moderna, progresso e felicidade. No contexto do pós-guerra, com uma Europa em escombros e países africanos, asiáticos e latino-americanos caracterizados em sua pobreza, o discurso desenvolvimentista tornar-se-ia uma das práticas históricas mais recorrentes e uma das representações mais bem-sucedidas do nosso mundo contemporâneo.

Entre flores e barricadas

Não demoraria, entretanto, a surgirem contestações ao otimismo desenvolvimentista e à autoconfiante sociedade capitalista de consumo. Tais críticas vieram na forma das mais variadas expressões. Comédias dirigidas pelo francês Jacques Tati, como *As férias de M. Hulot* (*Les Vacances de M. Hulot*, 1953) e *Meu Tio* (*Mon Oncle*, 1958), lançavam ao público europeu uma visão bem-humorada e implacável acerca do estilo de vida burguês, com seus hábitos de consumo, sua artificialidade, sua vida medíocre, vazia e absurda. Em 1967, Jean Luc Godard filmou *Weekend à francesa* (*Weekend*), sátira feroz da existência perdida entre compras, engarrafamentos, niilismo e perda de valores. *Zabriskie Point*, do italiano Michelangelo Antonioni, estreou em 1970, protagonizado por dois jovens vindos do movimento hippie, numa trama que se desenrolava ao som de Pink Floyd e atacava a sociedade capitalista ocidental como injusta e violenta. O espanhol Luis Buñuel também construiu uma visão do absurdo, da hipocrisia e, principalmente, do caráter frustrante do estilo de vida consumista em *O discreto charme da Burguesia* (*Le charme discrete de la bourgeoisie*, 1972). O italiano Ettore Scola denunciava em *Feios, Sujos e Malvados* (*Brutti sporchi e cattivi*, 1976) como a sociedade capitalista contemporânea não apenas não conseguia eliminar os bolsões de pobreza, lixo e doença, como principalmente se amparava na sua existência. Todos esses filmes estão atualmente disponíveis em vídeos e DVDs para quem quiser assistir: vejam bem como a tecnologia também tem uma grande positividade.

Janis Joplin, eternamente jovem, ícone da geração hippie.
(Foto: www.hotshotdigital.com/.../ JanisJoplinDisco.html)

Nos anos 1960, nas ruas de São Francisco, na Califórnia, os jovens protestavam atirando flores (o célebre *flower power*), vivendo novas experiências de sexo, drogas e *rock 'n' roll*, criando o movimento *hippie*, batendo de frente contra os valores da sociedade americana. Durante os três dias do Woodstock, – um evento ocorrido anarquicamente (no melhor sentido da palavra) na cidade de mesmo nome, em 1969, no estado de New York, sem uma organização central, atraindo cerca de 500 mil pessoas – os jovens americanos buscavam construir outros valores e práticas em uma verdadeira contracultura. Janis Joplin, uma das cantoras mais prestigiadas do evento e nascida numa família de classe média do Texas, compôs e gravou, em 1970, a música *Mercedes Benz*, na qual entoa o refrão "Oh Lord, won't you buy me a Mercedes Benz?" (oh, Deus, você pode me comprar uma Mercedes Benz?), pedindo logo a seguir também uma TV em cores e outros desejos de consumo, numa ácida crítica à sociedade americana. Em 1970, David Bowie compôs e gravou *The man who sold the world* (O homem que vendeu o mundo), bem conhecido pelas gerações de hoje, graças à regravação realizada pela banda Nirvana, em 1994.

A publicação do livro *Primavera Silenciosa* (*Silent Spring*), em 1962, pela eminente bióloga americana Rachel

Carson, teve o verdadeiro efeito de uma "farofa no ventilador" do otimismo desenvolvimentista, que alardeava a todos os cantos ter empreendido uma "revolução verde", ao introduzir o uso maciço de pesticidas na agricultura após a Segunda Guerra Mundial, dinamizando a produção de alimentos como nunca. O livro caiu como uma mosca na sopa dos consumidores, pois afirmava e buscava demonstrar que os efeitos a médio e longo prazo na saúde das pessoas e no meio natural seriam absolutamente desastrosos. A autora criticava um avanço científico medido em toneladas de alimentos produzidos, sem a devida consideração das consequências do uso de produtos químicos, e desprezava a comemoração do que apontava como um falso progresso, já que realizado à custa da vida e da saúde de milhões de pessoas, além dos vários ecossistemas gravemente atingidos. O livro teve grande repercussão na sociedade americana e despertou a ira das indústrias químicas.

Mas sobre todos esses eventos, 1968 surge como um grande marco, com a deflagração de movimentos estudantis em vários pontos do mundo, especialmente na França, mas também nos EUA, Polônia, Alemanha, Itália, Holanda, Bélgica, Suíça, Inglaterra, Dinamarca, Espanha, Turquia, Tchecoslováquia, Japão, Brasil, Peru, Chile, México, Argentina, Uruguai, Madagascar, Marrocos, Tunísia. É claro que os movimentos tinham sentidos diversos nesses vários lugares, mas a sua simultaneidade explicita a profunda insatisfação dos jovens com o mundo que lhes era oferecido.

Em Paris, sobre a recusa radical de um sistema retrógrado de ensino, somaram-se inúmeras lutas contra a modernidade tecnológica e a mercantilização da sociedade. Houve passeatas, construção de barricadas na rua, manifestações violentas, ocupações de lugares públicos, greves e enfretamento da repressão policial com paralelepípedos arrancados do chão. Os participantes questionavam o progresso e neutralidade da ciência, a democracia liberal, os valores burgueses de família e de ascensão social, os padrões corporais impostos como "civilizados", a repressão sexual, as hierarquias, colocando em xeque, enfim, todo o arcabouço do mundo "desenvolvido", científico, tecnológico e acético burguês. Ousavam, sobretudo, negar a pretensa naturalidade do mundo industrializado e desenvolvido como destino histórico inevitável, pichando os muros com o lema "Sejamos realistas, que se peça o impossível" ("soyons réalistes, demandons l'impossible").

Barricadas nas ruas de Paris, em maio de 1968. (Encarta Enciclopédia).

Outros eventos levaram à instituição de organizações cuja ação crescente conferiu-lhes importância significativa nos dias atuais. Em 1971, 11 ativistas embarcaram a caminho de Amchitka Island, no Alasca, para presenciar e protestar contra os testes nucleares realizados pelos Estados Unidos naquele local. O velho barco pesqueiro utilizado nunca alcançou seu destino, mas a ação chamou a atenção de todo o mundo. Os ativistas passaram, logo após, a autodenominarem-se Greenpeace. Inspirando-se numa antiga profecia de uma índia Cree – segundo a qual haveria uma era de destruição, à qual se seguiria o tempo dos Guerreiros do Arco-Íris, restauradores do respeito à terra – o primeiro navio comprado pela organização não governamental, em 1977, foi batizado como *Rainbow Warrior* (ou seja, Guerreiro do Arco-Íris). Desde então suas ações passaram a ser conhecidas em todo o mundo, com a prática do testemunho ocular, do pacifismo, das barreiras construídas com o próprio corpo dos manifestantes, além da atuação internacional e da recusa de aliar-se a partidos e instituições oficiais.

Outra importante organização não governamental atuava desde 1961, a *World Wildlife Fund* (WWF). Após uma visita ao leste africano, o ilustre biólogo Sir Julian Huxley escreveu uma série de artigos, denunciando a destruição da vida selvagem. Muitas pessoas passaram a escrever cartas, e o episódio estimulou os esforços de vários outros cientistas, que decidiram a fundação de uma organização internacional de luta pela preservação da vida selvagem. Curiosamente, foi a WWF quem doou 40 mil libras ao Greenpeace para a compra do *Rainbow Warrior* (que, com mais 4 mil libras obtidas por meio de doações diversas, perfaziam o total do valor total da embarcação...).[1]

Assim, tão logo posto em prática, o modelo desenvolvimentista conseguiu, além das inúmeras adesões, uma série de críticos. Em 1973, surgiu o Partido da Ecologia (*Ecology Party*) na Inglaterra, pioneiro da ação política institucional e primeiro de uma série de partidos verdes fundados nos mais diversos países do mundo (no Brasil, o PV foi fundado em 1986). Se eles representavam uma oposição na maior parte das vezes extremamente radical, também na esfera dos governos de países ricos e desenvolvidos, alguns problemas começaram a se evidenciar, demandando novas respostas e uma reformulação

---

[1] Visite os *sites* do Greenpeace: http://www.greenpeaceusa.org/ (internacional), http://www.greenpeace.org.br/ (brasileiro) e os da WWF Brasil http://www.wwf.org.br/amazonia/default.htm e WWF internacional http://www.panda.org/.

das posturas anteriores. Nuvens negras surgiram nos horizontes colocando novos desafios.

E nada era tão simples assim...

Uma das nuvens negras surgidas no horizonte foi a chuva ácida, que começou a causar danos ambientais e uma grande apreensão mundial. Nuvens não conhecem fronteiras e, assim, alguns países nem tão poluidores passaram a sofrer as consequências do "desenvolvimento" de seus vizinhos... A chuva ácida pode ocorrer na forma líquida, neve ou neblina, e decorre da contaminação pela acidez presente na atmosfera, causada por poluentes como o óxido de nitrogênio e os dióxidos de enxofre, resultantes da queima de combustíveis fósseis, como carvão, óleo diesel e gasolina. No final dos anos 1960, o governo da Suécia constatou a galopante destruição de seus lagos, e vários cientistas chegaram à conclusão assustadora de que metade dos lagos morreria em meio século, com a extinção total da fauna e flora lacustre. Assim como a Suécia, também a Noruega e a Dinamarca sofriam as consequências da emissão, nas centrais elétricas movidas a carvão nas Ilhas Britânicas, de 5 milhões de toneladas de dióxido de enxofre, trazidas pelas correntes de ar em deslocamento do oceano Atlântico para o continente europeu. O alerta fez com que se observasse a ocorrência do mesmo fenômeno em várias outras partes do mundo, causado pelo funcionamento de outros centros industriais presentes em países diversos como Estados Unidos, Canadá, Alemanha, Brasil, dentre outros.

No Japão, o governo constatou e assumiu oficialmente, em 1968, a contaminação da Baía de Minamata pela emissão de mercúrio por várias indústrias, envenenando peixes e frutos do mar que, consumidos pelas pessoas ao longo dos anos, resultaram no acúmulo gradativo de mercúrio no organismo, causando sérias doenças, com paralisia muscular e degeneração cerebral até a morte. Em 1973, o governo proibiu a pesca e o consumo dos peixes daquela área, arcando ainda com o prejuízo de investir milhões de dólares em pesquisas sobre como despoluir a área. Tais acontecimentos tiveram grande repercussão mundial.

Outro grande tema a ganhar espaço na opinião pública naqueles anos foi a depleção da camada de ozônio, o efeito estufa e os efeitos no ambiente e no clima da Terra. Note-se que todos esses acontecimentos evidenciavam como os problemas ecológicos não conheciam fronteiras: um país podia sofrer as consequências das ações dos seus vizinhos mais ou menos distantes, pagando um preço muito caro por elas. Impunha-se, portanto, a necessidade de discussões que buscassem soluções internacionais, por meio de convenções e tratados. Se na década de 1960, os discursos ecológicos tinham um caráter libertário, partindo dos setores críticos da sociedade de consumo, os anos 1970 assistiram a uma gradativa institucionalização internacional das práticas ecológicas, envolvendo grandes autoridades e os dirigentes de diversos países do mundo, inclusive dos mais ricos. Foi o governo da Suécia quem solicitou à ONU, em 1969, uma reunião internacional sobre proteção ao meio ambiente, o que levou à realização da Conferência de Estocolmo, em 1972.

Nesse grande evento, do qual participaram 113 países, inclusive o Brasil, sistematizaram-se vários discursos sobre a necessidade de rever o modelo desenvolvimentista. A "Declaração de Estocolmo" afirmava que a melhoria do meio ambiente era dever de todos os governos. Além disso, considerava como a capacidade do homem de transformar o mundo podia ter consequências desastrosas, caso fosse realizada sem critérios. Os países subdesenvolvidos deveriam buscar o crescimento com o devido controle da destruição do seu ambiente, assim como os desenvolvidos deveriam criar formas de diminuir a poluição gerada por suas indústrias.

Naquele mesmo ano, foi publicado o livro *Limites para o Crescimento (Limits to Growth)*, no qual um grupo chamado Clube de Roma alertava para os limites do planeta, cujas capacidades estourariam em 100 anos, caso se mantivesse o ritmo do uso dos recursos naturais e da produção de lixo e agentes poluidores em vigor. O livro vendeu 30 milhões de cópias e foi traduzido em mais de 30 línguas. Tudo isso despertou uma reação bastante firme dos países pobres, que se sentiram condenados justamente pelas nações ricas, temerosos de serem constrangidos nos seus projetos de crescimento. Na época, Indira Gandhi, primeira ministra da Índia, criticou as conclusões de Estocolmo, afirmando que a pior poluição era a pobreza. O representante do Brasil, General Costa Cavalcanti, afirmou que as formas de degradação mais graves eram as poluições constituídas pela pobreza e pelo subdesenvolvimento. O leitor deve se lembrar de que, naqueles anos, o Brasil vivia um período de ditadura militar, com entrada maciça de capitais estrangeiros e projetos megalomaníacos de crescimento econômico a qualquer custo, incluindo o ambiental, como no caso paradigmático da construção da Transamazônica, cujo objetivo era o de interligar o norte e nordeste do país por intermédio de 5.600 quilômetros de estrada no território brasileiro. As derrubadas começaram em outubro de 1970 e, em agosto de 1972 (é bom lembrar que a Conferência de Estocolmo ocorreu entre 06 e 16 de junho do mesmo ano) –, o presidente e general Médici participou de uma solenidade no meio da selva amazônica para inaugurar os primeiros trabalhos.

Nesse contraste entre as perspectivas de diferentes países, estabeleceu-se um grande impasse. Chegava-se à conclusão de que o desenvolvimento tinha claros limites, e muitos passaram a advogar que os recursos naturais se esgotariam sem que a técnica e a ciência pudessem dar uma solução. Outros continuaram a defender o desenvolvimento, confiantes de que a ciência acabaria por trazer soluções. Muitos acusavam o perigo

Parques de petróleo, Itaipu, Transamazônica e Angra foram projetos importantes no governo de generais como Médici e Geisel.
(Fonte: *Isto é dinheiro on-line*, 24/03/2004)

representado pelo crescimento demográfico do Terceiro Mundo, pois não haveria recursos suficientes para tanta gente. Os países pobres, por sua vez, se sentiram discriminados. Algo do tipo: na nossa vez de crescer, eles nos dizem que não há recursos e que nós devemos nos conter e preservar? No caso do Brasil, o II Plano Nacional de Desenvolvimento, aprovado em 1974, durante o governo de Ernesto Geisel, negava qualquer intervenção ou limitação ao estágio de sociedade industrializada por pressões internacionais, sob o pretexto de conter o a poluição.

Rearranjos para o desenvolvimento

Dentre os resultados da Conferência de Estocolmo, a criação do Programa das Nações Unidas para o Meio Ambiente (PNUMA), um novo órgão da Organização das Nações Unidas (ONU), constituiu um evento de extrema relevância. Essa instituição surgiu com o objetivo de intermediar os diálogos e ações de cientistas, autoridades políticas, financistas e ativistas ambientais, no que se refere ao ambiente. Especialmente, passou a colocar como tema central o equilíbrio entre os interesses de cada nação e a preservação global, colocando em pauta os problemas ecológicos comuns que, como vimos, haviam sido essenciais para a convocação da conferência, a pedido da Suécia. Em 1980, a PNUMA solicitou à WWF e à União Internacional para a Conservação da Natureza (*The World Conservation Union*, IUCN)[2] um estudo detalhado que resultou no documento *Estratégia de conservação mundial* (*World Conservation Strategy*). Nele, defendia-se a manutenção dos processos ecológicos essenciais e dos sistemas naturais vitais à sobrevivência humana, assim como a preservação da biodiversidade e o estabelecimento de práticas capazes de assegurar o aproveitamento sustentável das espécies e dos ecossistemas constituintes da base da vida humana. O objetivo principal das ações propostas era o de manter a capacidade do planeta para sustentar o desenvolvimento das sociedades humanas, levando em conta tanto a capacidade dos ecossistemas quanto as necessidades das futuras gerações. Surgia, assim, naquele momento, um dos conceitos mais utilizados em nossos dias – e é curioso como pessoas muito diferentes, com interesses os mais variados recorrem a ele para defender as mais variadas práticas – o de *desenvolvimento sustentável*.

O termo se tornaria ainda mais conhecido ainda a partir do outro relatório, realizado por outra comissão, dessa vez criada por decisão de uma Assembleia Geral da ONU, a chamada Comissão Brundtland, que tinha esse nome por ser presidida por uma médica e importante líder política norueguesa, especialista

---

[2] A IUCN é uma federação de várias organizações não governamentais e que conta com a participação de grandes cientistas. Foi fundada em 1948. Visite o *site*: http://www.iucn.org/.

em saúde pública e questão ambiental. Essa comissão deveria propor estratégias para o desenvolvimento sustentável em todo o planeta, recomendar a cooperação entre os diversos países, mobilizando-os e sensibilizando-os acerca da preservação. Os trabalhos deram origem ao relatório *Nosso Futuro Comum* (*Our Common Future*), publicado em 1987, no qual se defendia o desenvolvimento sustentável, o crescimento econômico como forma de superar a pobreza desde que orientado para um uso menos intensivo de matérias primas e energia, a manutenção de um nível populacional equilibrado e a busca de uma tecnologia que avaliasse os riscos ambientais, visando administrá-los.

Muitas críticas surgiram ao conceito de desenvolvimento sustentável e mesmo ao de meio ambiente. Um grupo de ambientalistas ligado ao teólogo, filósofo e escritor austríaco Ivan Illich, recusa a orientação dos defensores do desenvolvimento sustentável por considerar que não há nenhum questionamento da sociedade capitalista de consumo, mas apenas se deseja conservar o suficiente para garantir o crescimento futuro. Ou seja, seria um rearranjo nas práticas da sociedade industrial, apenas para garantir sua maior eficácia e continuidade. Por outro lado, a Comissão Brundtland teria identificado pobreza e poluição, afirmando que só o crescimento econômico do chamado Terceiro Mundo poderia torná-los mais sustentáveis. Assim, o desenvolvimentismo estaria mais do que vivo nessas novas propostas, numa tentativa de casar desenvolvimento e meio ambiente, mas sem nenhuma mudança mais radical da sociedade ou de seus valores, mascarando e fortalecendo, mais uma vez, um projeto hegemônico do capital internacional. Segundo o autor André Gorz, a maior prova de que o discurso ecológico pode assumir um tom bastante conservador é a clara tendência atual dos capitalistas e das nações ricas de, a cada empreendimento, considerarem os custos ambientais envolvidos.

Por outro lado, o pensador e professor francês Ignacy Sachs estabeleceu um novo patamar para o debate, buscando uma via intermediária entre o ecologismo radical e o economicismo arrogante, no qual o parâmetro de desenvolvimento destronava a primazia das considerações econômicas e reconhecia a importância da política, recriando os planejamentos, privilegiando a sociedade civil, estimulando a mudança dos estilos de vida e de consumo e, principalmente, destacando que "nem tudo está à venda". Esse novo projeto cunhou e sistematizou um novo conceito, o de *ecodesenvolvimento*, no qual se idealiza um reordenamento econômico dos espaços da produção e, principalmente, rejeita-se a ideia de que os modelos de industrialização dos países industrializados possam ser reproduzidos nos países do sul, como idealizado anteriormente pelos teóricos desenvolvimentistas. Coloca-se a necessidade da construção de novos caminhos para essas sociedades e da construção de novos valores e outros estilos de vida, produção e consumo.

A discussão sobre os usos da natureza pela sociedade humana é bastante complicada e possui dimensões econômicas, políticas, sociais e culturais. Verdadeiramente, diante dela não há soluções fáceis, nem podemos adotar uma postura maniqueísta, apontando bandidos e mocinhos: afinal, a tecnologia e a ciência criam coisas excelentes e que podem ser usadas de várias maneiras, é só pensar na internet como um bom exemplo. Por outro lado, os chamados movimentos alternativos podem ser muito simplistas, muito românticos e muito destrutivos. Aliás, existem discursos e práticas ecológicas de cunho extremamente autoritário.

Para você, que está aí lendo essas linhas e é provavelmente bem jovem, grande parte desses eventos e debates anteriormente citados ocorreu antes mesmo do seu nascimento e, portanto, já fazem parte da história, mesmo que continuem transformando a história a cada dia: afinal, um dos grandes impasses da política mundial de nossos dias é a recusa dos EUA a ratificarem o Tratado de Kyoto, que prevê a diminuição do lançamento de gases tóxicos na atmosfera. Muitos outros fatos e questões poderiam ainda ser discutidos, como desastres ecológicos que impressionaram o mundo e fizeram as pessoas repensarem suas escolhas (como o acidente da usina nuclear de Chernobyl, na Ucrânia, ou as denúncias sobre os efeitos malignos dos agrotóxicos no organismo humano), o surgimento de organizações e partidos de defesa ecológica, a realização de encontros internacionais como a Rio-92 e o Fórum Social de Porto Alegre, a ascensão de movimentos sociais como o dos seringueiros na floresta amazônica, etc. [...] As questões das sociedades e das relações com a natureza são das mais importantes do nosso tempo e de essencial relevância para nosso futuro.

Enfim, existe uma história do pensamento de nossa sociedade contemporânea sobre a natureza e ela é essencial para a definição dos rumos que a humanidade irá escolher. Diante dessa constatação, chegamos ao nosso ponto principal: como fica a questão da história e da natureza?

O nascimento da história ambiental

Um dos termos mais repetidos nos últimos anos entre os historiadores é o de "história ambiental". Há muito que discutir acerca do seu real significado, seus objetos de estudo, seus pressupostos e métodos, os outros campos do saber com os quais dialoga: isso será abordado num capítulo a seguir. Mas só a constatação do surgimento desse novo ramo de pesquisa merece algumas considerações. Como veremos, existem atualmente várias organizações de historiadores dedicados ao tema, com publicação de revistas especializadas, organização de congressos e de grupos de discussão pela internet.

O fato dos historiadores terem dirigido suas indagações de forma tão sistemática em direção à natureza, a ponto de criarem um novo "ramo" de estudos, demonstra muito bem como a produção do conhecimento histórico se faz em sintonia com seu próprio tempo. Como vimos, as últimas décadas se caracterizam por intensos debates ambientais em setores muito diversos da sociedade. Ora, os historiadores muitas vezes são confundidos como pessoas que só gostam de "velharias", de coisas antigas, passadas ou ainda como aqueles que cultivam uma espécie de cultura inútil, com a memorização de datas, batalhas, nomes, eventos, etc. Mas isso não é verdade, mesmo que realmente existam muitos historiadores que são exatamente assim, infelizmente.

Há muito tempo mesmo, que os historiadores se declararam amantes incondicionais do presente. Um grande historiador francês, Marc Bloch – que viveu na primeira metade do século XX e foi assassinado num campo de concentração nazista –, contava, num de seus livros, como aprendeu uma das maiores lições em sua profissão. Em viagem à Estocolmo, ouviu do colega Henri Pirenne a afirmação de sua preferência em conhecer uma cidade começando pelos lugares ligados à vida no presente. Entre um tom de brincadeira e de sinceridade, Pirenne disse-lhe ainda que era um historiador, e por isso amava a vida: caso fosse um antiquário, só teria olhos para as coisas velhas [...]. Desde 1929, Marc Bloch e sua geração questionaram a memorização monótona de fatos, nomes e datas, afirmando que a história deveria ser muito mais que isso: ela deveria se ligar ao presente e ao futuro, privilegiando o estudo dos homens no tempo. Nesse ponto, eles fizeram com que a história ganhasse uma importância inédita, pois, como afirmava o filósofo alemão Nietzsche, se a história não puder servir à vida, ela não tem muito utilidade para os homens [...]

Assim, quando os historiadores se voltam para o tema da natureza da forma específica como têm feito, evidenciam como vivem em um lugar social e não no "mundo da lua". Apresentam-se como homens em diálogo com seu tempo e, principalmente, como pesquisadores de um saber não apenas válido, mas essencial para compreendermos nosso presente e atuarmos na construção de nosso futuro. Compreender a historicidade das relações entre a sociedade e a natureza pode, certamente, dar-nos instrumentos para assumir uma postura mais crítica frente aos debates sobre o ambiente. Tornarmo-nos mais capazes de perceber mais claramente tanto as falácias do desenvolvimentismo como as idealizações autoritárias de algumas propostas ecológicas ditas "alternativas". Conhecer a história possibilita o amadurecimento das posturas a serem assumidas em defesa da sociedade, numa visão para além de "isso é certo, isso é errado" ou "esses são os bonzinhos e aqueles são os malvados".

Os primeiros a cunharem o termo "história ambiental" foram historiadores norte-americanos, reunidos em 1977, em torno da fundação da *Sociedade Americana de História Ambiental* (*American Society for Environmental History*) e da revista *Environmental History*, especializada no tema, além dos congressos anuais organizados. Em 1999, surgiu, na Europa, a *European Society for Environmental History*, que também passou a publicar uma revista exclusivamente dedicada ao tema, a *Environmental and History*, além da realização de congressos a cada dois anos. Em 2004, em um encontro em Cuba, historiadores latino-americanos decidiram pela fundação da SOLCHA (*Sociedad Latino-americana e Caribenha de História Ambiental*), que deverá também organizar congressos regulares e futuras publicações especializadas.[3]

O mais importante a ser observado em todos esses dados é que os historiadores constituíram uma nova especialidade. A realização de congressos regulares e a publicação de revistas fazem com que pessoas de países e universidades diversas se comuniquem e/ou se encontrem, apresentem-se mutuamente o que vêm pesquisando, troquem ideias, aprendam uns com os

---

[3] Visite o *site* dessas organizações: http://www.h-net.org/~environ/ASEH/home.html; http://www.eseh.org/.

outros e, é claro e não menos importante, discordem uns dos outros sobre o que deve ser essa área de conhecimento histórico e acerca de seus métodos e pressupostos. Outro dado muito importante é que todos esses estudiosos consideram uma das inovações principais de suas práticas a grande disposição de dialogar com cientistas de outras áreas, incluindo não apenas sociólogos, cientistas políticos e filósofos mas também e especialmente, geógrafos, geólogos, estudiosos do clima, biólogos, químicos, agrônomos, e muitos outros. A interdisciplinaridade – ou seja, o encontro de várias áreas do conhecimento – é uma das maiores tônicas da autodenominada história ambiental. Seja como for, veremos adiante que mesmo antes da sistematização dessa especialidade da história, muitos historiadores renomados já privilegiaram amplamente o tema da natureza em suas obras, dentre eles o francês Marc Bloch, mesmo que o fizessem com outros pressupostos, vivendo e pesquisando em outro momento histórico.

No mundo em que vivemos, e já há muitas décadas, a questão ambiental tornou-se um dos mais relevantes impasses a serem enfrentados para a humanidade. A história, ao se voltar para o tema de forma sistemática e minuciosa, cumpre um importante papel. O vigor e a promessa dessa nova perspectiva, pela qual tantos estudiosos vêm se interessando (dentre eles você, meu caro leitor, que se dispôs a ler este livrinho), são o fato de que ela poderá (ainda que não necessariamente, é claro) servir prioritariamente à vida e, mais que à sua mera conservação, poderá constituir-se em prol da afirmação de sua abundância. Daí, a história poderá honrar, mais uma vez, a sua disposição de ligar-se à vida presente e aos homens presentes.

CAPÍTULO II

Sociedade, natureza e história

História e devastação

Qualquer turista que visita Roma depara-se com a majestosa construção do Coliseu, local inaugurado para o prazer do povo romano de acordo com a célebre estratégia calcada no "pão e circo" e, segundo o grande historiador Jérome Carcopino, com a consideração de que "um povo que boceja está maduro para a revolta". (CARCOPINO, p. 255). Assim, os grandes imperadores esforçavam-se para suplantar, a cada dia, a magnificência dos espetáculos anteriores e ser louvado como o maior entre todos. Entretanto, se aquele foi um lugar de prazer e diversão para os antigos, em nosso olhar contemporâneo não há como evitar a imagem daquele local como um cenário triste, marcado pela morte e pelo sangue dos gladiadores e dos cristãos perseguidos e atirados aos leões.

Mas além dessas mortes, as pessoas apinhadas para assistirem aos espetáculos presenciaram verdadeiras carnificinas de várias espécies de animais, nas chamadas *venationes*. Inicialmente, eram realizadas pela manhã, como uma introdução aos combates de gladiadores, que aconteciam à tarde. Ganharam crescente importância no gosto dos romanos, principalmente com a extensão do Império a terras com faunas cada vez mais exóticas, e passaram a ser uma das mais prestigiadas apresentações. Havia algumas variações: lutas entre homens e animais, lutas entre feras, ou simples sacrifício de homens jogados indefesos ou animais mais fracos no meio de grandes carnívoros. Havia também números de bichos treinados, como nos circos contemporâneos.

Na terracota romana, uma cena de combates espetaculares envolvendo gladiadores e animais.
(Imagem: http://itsa.ucsf.edu/~snlrc/encyclopaedia_romana/ circusmaximus/venationes.html)

O sucesso das v*enationes* desencadeou uma intensa prática de caçadas por todo o Império Romano, além da venda e transporte de animais por milhares de quilômetros, desde longínquas regiões da África e Ásia. Alguns dados nos ajudam a mensurar a extensão do fato: Augusto (imperador entre 14 a.C. e 31 d.C.) possuía uma coleção de 3.500 animais selvagens. Relatos dos antigos afirmam que 9.000 animais foram mortos durante a inauguração do Coliseu e mais 11 mil nas comemorações da vitória de Trajano sobre a Dácia, em 107 d.C. (de onde se pode concluir que, além de pão e circo para o povo, o Império Romano gastou uma nota para dar comida a tantas feras). Os animais eram necessariamente capturados vivos, bem-cuidados e alimentados até pouco antes do espetáculo, quando deveriam aparecer fortes e ameaçadores (e aí, era desejável, é claro, que estivessem razoavelmente famintos, pra esquentar a luta). Além das caças realizadas por homens em pleno palco, havia batalhas entre leões e tigres, touros selvagens e ursos, leões contra crocodilos, focas e ursos, etc. Também havia simples sacrifícios, como colocar um veado e um leão faminto, apenas para assistir ao antepasto. E, ainda, hipopótamos, hienas, inúmeros tipos de felinos e elefantes. O sacrifício de tantos animais para o prazer do povo e para a glória dos imperadores significou uma verdadeira hecatombe e certamente teve repercussões nos ecossistemas de onde tantos animais foram retirados. É preciso lembrar ainda que essa prática durou vários séculos, gerando um efeito tanto mais amplo quanto mais continuado.

Assim como o ataque à fauna pelos romanos antigos, a ação do homem causou, em momentos históricos remotos, significativos desflorestamentos, erosão dos solos e alterações nos equilíbrios dos ecossistemas. O uso do fogo pelos homens do neolítico como forma de limpar florestas, há cerca de 40 mil anos atrás, é evidenciado em escavações arqueológicas na África. O aparecimento da agricultura e da criação de animais certamente alterou paisagens. O surgimento das cidades e, posteriormente, das grandes, civilizações mesopotâmicas e egípcias, com crescimento demográfico expressivo, demandou inúmeras construções, exploração de minérios, busca de blocos de pedras para monumentos gigantescos, extração de madeiras para cozinha e aquecimento, etc. Certamente o esplendor da civilização egípcia não se fazia sem uma intensa exploração da natureza. Como não se lembrar da história bíblica da praga de gafanhotos?

No Oriente Médio antigo, a epopeia de Gilgamés – rei mítico presente em relatos babilônicos – narra as aventuras desse herói pelas florestas de cedros, guardadas pelo gigante Huwawa, designado pelo deus Enlil para impedir a devastação. Segundo o historiador Richard Grove, ao fim do terceiro milênio a.C., o surgimento das cidades ao sul da Mesopotâmia – com a crescente demanda de lenha, madeira para construção e para barcos – acarretou a extinção de florestas de cedro e carvalho no Crescente Fértil. Cidades sumerianas, como Ur, rapidamente dependeriam da importação de madeira e os impérios sucessivos obteriam essa matéria-prima de lugares distantes, como o oeste da Índia ou mesmo as áreas mediterrânicas.

Os fenícios organizavam um comércio de larga escala de cedro. Grandes fornecedores dos faraós, sua ação causou impactos nas florestas então existentes na região do atual Líbano, nas quais abundavam os cedros, carvalhos e pinheiros. A escassez pronunciada, por volta do 2º milênio a.c., também os levou a buscarem madeira em áreas cada vez mais distantes. Além dos usos domésticos e para construções urbanas, a madeira também possibilitava a expansão das frotas marítimas dos comerciantes fenícios. Posteriormente, as frotas helênicas e, depois, romanas, também foram construídas com o aumento da exploração madeireira.

Além de servir ao comércio, os navios serviam à guerra e à conquista, implicando em mais destruição. Os espartanos, durante a Guerra do Peloponeso (431-421 a.C.), cortaram tantas árvores quanto foi possível na região da Ática, a fim de destruir esse importante suprimento de seus inimigos atenienses. O grego Teofrasto (372-287 a.C.) apontou a diminuição das chuvas na Grécia e a relacionou à destruição das florestas. Notou ainda que a madeira para construção tornava-se crescentemente escassa nas áreas da Europa próximas ao Mediterrâneo. Não poderíamos também nos esquecer de especular sobre as possíveis consequências de ações como a dos romanos em Cartago: uma vez vencida, a cidade foi queimada por vários dias e seu entorno teria sido salgado, para que o solo destruído não pudesse mais produzir nada. É certo que há uma grande desconfiança dos historiadores de que essa parte da história é pura imaginação dos relatos posteriores em que apareceu: vingança assim exigiria realmente muito sal. Mas, talvez, a lenda indique uma ação de destruição do solo, seja de que forma ela tenha sido empreendida. Enfim, terra vencida, terra arrasada.

Assim, a nossa sociedade capitalista contemporânea não foi a primeira a alterar o meio natural com ações e práticas destrutivas. É claro que ela o faz numa amplitude nunca antes existente, devido ao aumento populacional, à demanda crescente de fontes de energia, minérios e papel, ao incremento do plantio e consumo de alimentos, ao aumento vertiginoso da capacidade de gerar resíduos (plásticos, latas, substâncias químicas, baterias, sucatas de carros velhos, etc.) e lançar poluentes na atmosfera e, recentemente, à modificação genética dos organismos vivos. Também as guerras atuais alcançaram um grau de destruição antes impensável, com a utilização de gases químicos, uma capacidade explosiva com destruição rápida de vastíssimas áreas, etc. Imagine-se, por exemplo, os efeitos das explosões atômicas no meio natural do Japão, após a Segunda Guerra Mundial, ou mesmo das ações militares empreendidas durante a Guerra do Vietnã, com a destruição de majestosas áreas de matas tropicais, onde os guerrilheiros se escondiam, e o lançamento de produtos químicos e resíduos nos rios da região. Algumas impressionantes cenas do filme *Apocalypse Now* (1979), de Francis Ford Copolla, podem ajudar-nos a dimensionar esse fato, com imagens de bombardeios sobre áreas de florestas. Poderíamos ainda tentar mensurar as alterações naturais ocorridas na flora, na fauna e nas fontes de água do Iraque, consequentes das invasões americanas (a primeira em 1990 e a segunda, recente, iniciada por George Bush em 2003 e ainda em curso quando da escrita deste livro). Entretanto, mesmo que concorramos ao Oscar de destruição com chance máxima de ganhar, outras formas de organização social sempre idealizadas como perfeitamente sintonizadas e harmônicas em relação à natureza não deixaram de dar sua quota de destruição.

Todo dia era dia de índio

Uma grande parte dos livros didáticos apresenta o início da história do Brasil, após a chegada dos portugueses, como uma espécie de início do fim da Mata Atlântica, até então completamente virgem. Essa postura incorre imediatamente em dois erros graves. O primeiro é de ordem lógica. Uma mata virgem seria, por definição, intocada pelas mãos do homem, apresentando-se portanto num estado absolutamente "natural". Entretanto, inúmeras populações indígenas com práticas agrícolas estabeleciam-se naquelas áreas. Estimativas muitíssimo otimistas avaliam a existência, no território hoje conhecido como Brasil, de cerca de cinco milhões de índios em 1500 (como as menos entusiasmadas falam em dois milhões, podemos lidar com um meio termo). Assim, o que chamamos hoje de Mata Atlântica poderia ser linda, abundante, esplendorosa (e certamente era)... Mas, virgem? Sem chance.

O segundo problema é de ordem antropológica, ou seja, diz respeito ao conhecimento e ideias sobre o ser humano. Os grupos indígenas habitantes das florestas do Brasil, como qualquer sociedade humana, eram culturalmente ativos na ocupação do território e na utilização dos recursos por meio de invenções e do emprego de técnicas, transformando aqueles ecossistemas. Como afirma o historiador José Drummond, é incorreto acreditar que os impactos se iniciaram apenas com o desembarque dos primeiros europeus. Mais que um raciocínio inadequado, é injusto e, pior ainda, etnocêntrico. O pensamento etnocêntrico é aquele que toma os parâmetros de uma cultura como válidos para julgar todas as outras. No caso, afirmar que os indígenas não transformaram o meio natural é quase uma forma de ignorar suas capacidades como produtores de cultura. Você já ouviu um ditado popular segundo o qual de boas intenções o inferno está cheio? Pois bem, a idealização aparentemente tão generosa de um bom selvagem em completa harmonia com a natureza e de sua "absolvição" de qualquer responsabilidade pelas alterações na natureza nega sua condição humana e social, acarretando a sua consideração como uma "parte da natureza". E se os índios são natureza, resta-lhes serem protegidos por nós, assim tentamos fazer com as florestas, os rios, os animais em extinção, etc. Nada que lhes dê o estatuto de agentes de sua própria história e suas próprias lutas.

Nessa imagem aparentemente benevolente, mas certamente perniciosa, ecoam as visões renascentistas de um "bom selvagem", numa imagem idílica de uma felicidade natural e inocente. Os europeus, vivendo sob o jugo da monarquia e da Igreja, projetaram nos índios seus anseios de liberdade, seduzidos por uma vida distante dos padrões de civilização. Em 1562, a cidade francesa de Rouen recebeu a visita de índios recém-chegados do Brasil, os quais foram recebidos pessoalmente pelo jovem rei Carlos IX, então com doze anos, e entrevistados por Montaigne. Ao indagar sobre os privilégios dos "reis" indígenas, Montaigne recebe a resposta de que lhes cabia marchar para a guerra em primeiro lugar. Ao mesmo tempo, os índios se espantaram: como os franceses obedeciam a um rei menino e frágil? Como era possível a coexistência da miséria e riqueza extremas, sem que ninguém se rebelasse? O francês se impressiona, num encontro em que a injustiça da civilização europeia se tornava evidente. Mas esse homem selvagem, imerso e mesmo confundido com a natureza americana não será visto sem ambiguidade. Paralelamente à sua idealização, delineava-se uma forte condenação aos seus costumes bárbaros e seus hábitos antropofágicos, além do surgimento de teorias sobre a inferioridade dos trópicos e de seus habitantes. Os relatos sobre os índios dos novos domínios portugueses influenciaram obras como as de Erasmo, Thomas Morus, Rabelais e Montaigne, no século XVI, assim como Montesquieu, Hume e Rousseau, no século XVIII, dentre muitos outros.

Em nossos dias, a concepção de um índio "ecológico", numa operação que o relega – nas palavras de Ricardo Arnt – a uma "animalização velada", aparece marcadamente em documentários sobre a Amazônia, ou mesmo em folhetos turísticos que vendem "pacotes" para os hotéis de selva. Como aponta a antropóloga americana Candace Slater, as promessas de uma natureza intocada veiculam-se em imagens nas quais se sucedem cobras, grandes felinos, árvores, rios, indígenas com adornos, pássaros coloridos, numa verdadeira visão edênica de um mundo ainda intocado e livre da ação humana, mas que precisa ser protegido com urgência e/ou visitado a qualquer preço. Esses discursos apresentam uma natureza ainda "virgem", composta de plantas e animais exóticos, um povo "natural" (e certamente mais exótico que os bichos, como pajés com cachimbos, caciques com penas e rostos pintados, índias amamentando filhotinhos de animais, etc.) e paisagens fabulosas.

As imagens da natureza do Brasil como um paraíso terrestre remontam aos relatos portugueses quinhentistas. Na verdade, esses participavam de uma tradição mais ampla, tributária de mitos gregos, romanos, irlandeses e de várias sociedades do período medieval, segundo os quais haveria um Éden escondido do conhecimento humano em algum distante ponto do além-mar. Muitos garantiam que, em algum ponto do Oriente ou próximo à Índia, haveria um espaço afastado do mundo, uma ilha solitária no vasto oceano, onde se encontraria o paraíso de onde o homem fora expulso. Nesse local, a primavera seria eterna e as árvores teriam suas folhas sempre verdes. Sem os rigores do inverno, o ar seria sempre puro e benéfico, a temperatura sempre amena, as sombras acolhedoras repletas de árvores de saborosos frutos, as flores exalariam um doce perfume, as aves entoariam um canto suave e encantador e os seres ali presentes alcançariam uma surpreendente longevidade. Alguns mapas figuravam uma ilha imaginária, ligada a todos esses mitos, Hy Bressail e O'Brazil, que significariam nos mitos irlandeses "ilha afortunada".

Segundo Sérgio Buarque de Holanda, a larga popularidade dessas histórias certamente encontrou ressonância na mentalidade dos navegadores europeus que alcançaram o Novo Mundo. Mesmo que não acreditassem ser essas terras o verdadeiro Paraíso Terreal, sem dúvida utilizavam-se de comparações e paralelos na descrição das terras em tudo semelhantes às descrições maravilhosas, com pássaros falantes, árvores sempre verdes e águas infindas. A carta de Caminha ao rei D. Manuel destacava a abundância da terra e descrevia os índios como bem feitos, galantes, inocentes, a viver sem lavrar nem criar e, ainda assim, apresentavam-se fortes, rijos e saudáveis, reafirmando três dos principais mitos paradisíacos então correntes: a abundância e qualidade das águas, a boa temperatura e a primavera eterna, com árvores sempre verdes e a saúde dos seres – no caso, os belos e inocentes índios.

É certo que os povos tupis já estavam bem estabelecidos no litoral quando da chegada dos portugueses, aproximadamente desde o ano 1000. Possuíam vida nômade e desenvolviam práticas agrícolas. A cada vez que se deslocavam, usavam o fogo para abrir clareiras onde era estabelecida a nova aldeia, além da coivara para limpeza do terreno para o plantio de alimentos como feijão, milho, mandioca. Coletavam mel, ovos de aves e tartarugas, castanhas, frutas silvestres, caçavam e pescavam. Como produziam apenas para a subsistência, não conheciam machados de ferro e não tinham práticas de domesticação de animais para o trabalho (o que exigiria abertura de pastos e, portanto, uma destruição maior da floresta), as ações dos índios geravam um impacto pequeno e esses recursos acabavam por se renovar.

O historiador americano Warren Dean, autor de uma obra de referência sobre a Mata Atlântica, chegou a fazer alguns cálculos – um tanto mirabolantes – sobre os impactos causados pelas sociedades indígenas pré-colombianas. Deduzindo-se das crônicas europeias do início do século XVI que a população indígena tupi era de cerca de nove pessoas por quilômetro quadrado na região da referida mata, e calculando-se um desmate de 0,2 hectare da floresta primária por pessoa/ano, aquele território teria sido sujeito à queimada num lapso de 55 anos e, no prazo de 500 anos, cada faixa de terra teria sido queimada cerca de nove vezes, ou seja, um tempo curto demais para a recomposição adequada da floresta primária. Ele afirma ainda que os indígenas procederam a uma verdadeira pilhagem das matas em troca de bugigangas, indicando aos portugueses a localização do pau-brasil, caçando aves a serem vendidas na

Europa, assim como ofertando belas peles de felinos. A imagem desse autor sobre as populações indígenas é inegavelmente negativa e merecedora de críticas (ele chega a afirmar que os índios eram sádicos, num lamentável julgamento moralista e vazio dos rituais antropofágicos). Mas, de qualquer forma, a análise serve para nos alertar contra as imagens dos índios como "parte da natureza".

Muito mais razoável é considerar a condição indígena para além de extremos simplificadores: certamente modificavam o seu entorno natural por meio de suas atividades. Mas, também, é necessário considerar que agiam de forma muito mais sustentável (utilizando um termo absolutamente moderno), com impactos menores e no âmbito dos quais a recuperação ambiental era viável em um dado período de tempo.

Finalmente, após tantos exemplos de que a devastação não é uma prerrogativa do nosso mundo capitalista, impõe-se outra forma de colocar a questão e isso tem sido feito por inúmeros pesquisadores, principalmente antropólogos: seriam o homem e a natureza necessariamente opostos?

Interações frutíferas

Em 1990, um ano após o assassinato do líder seringueiro Chico Mendes, reconhecido internacionalmente em sua luta pela preservação da Amazônia, foi decretada a criação da primeira reserva extrativista do Brasil na região do Alto Juruá, no estado do Acre. Contígua ao Parque Nacional da Serra do Divisor e à dezenove áreas indígenas e mais duas outras áreas extrativistas, possuía 5.050 quilômetros quadrados, somando com as áreas protegidas ao redor um total de 32.090 quilômetros quadrados de áreas preservadas de invejáveis diversidades biológica e cultural. Pouco depois, um grupo de pesquisadores organizou um projeto cujo objetivo era o de avaliar a compatibilidade da presença humana em áreas de grande diversidade biológica e de indispensável conservação, combinando sustentabilidade econômica e social de populações de baixa densidade demográfica com a sustentabilidade ecológica em reservas extrativistas. Segundo os resultados da pesquisa, o uso humano do ambiente em condições bem específicas não apenas é compatível mas aumenta a diversidade biológica, atuando da mesma forma que as perturbações naturais do clima, como tempestades, queda natural de árvores, inundações, migrações, etc. Para o biólogo Keith Brown Jr., num contexto de uma população reduzida e com determinados hábitos mantidos há várias gerações, a maioria das ações humanas naquela região produzia efeitos diversificadores, ou seja, contribuía para a manutenção da diversidade da fauna e flora.

Tal perspectiva – a da possibilidade de manter pessoas em áreas de preservação – vem contrapor-se à história dos parques nacionais no mundo contemporâneo. O primeiro parque nacional criado foi Yelowstone, em 1872, nos Estados Unidos, sendo o exemplo seguido pelos mais diversos países. Consiste na delimitação de uma área, considerada possuidora de paisagens espetaculares, refúgios de vida selvagem, áreas de pesquisa científica e, certamente, de lazer e fruição estética para quem a visita. Mas, principalmente, o estabelecimento de um parque exige a retirada da presença humana (leia-se moradores), com o objetivo de preservar aquele ambiente da exploração dos seus recursos. No Brasil, os primeiros parques foram criados no Estado Novo, por Getúlio Vargas. Itatiaia – na fronteira entre Rio e Minas Gerais – foi o pioneiro, em 1937. [1]

Uma das questões mais discutidas atualmente é o autoritarismo presente na criação dessas áreas. Definida por cientistas e técnicos, acarreta a retirada de inúmeras pessoas que viviam ali por inúmeras gerações, com práticas consideradas de baixo

---

[1] Visite o *site* do Ministério do Meio Ambiente, http://www.mma.gov.br/, e consulte o item "biodiversidade e florestas", para saber sobre os vários parques no Brasil, além de outras modalidades criadas mais recentemente, como no caso da reserva extrativista.

impacto na natureza e que, por isso, não representariam um risco à preservação. Muitos acusam o fato de que essas pessoas, uma vez expulsas da região, acabam por engrossar as fileiras das camadas miseráveis, muitas vezes buscando a sobrevivência nos centros urbanos mais próximos ou simplesmente sendo transformadas em boias-frias para o lucro de grandes fazendeiros, esses sim, bastante responsáveis pela degradação ambiental no campo.

Cachoeira Casca d'Anta, no Parque Nacional da Serra da Canastra, fundado em 1972. (Foto: Regina Horta Duarte, 2001)

Assim, ao delimitarem essas regiões para turismo e pesquisa na forma de parques nacionais, as autoridades estariam prejudicando a vida de populações que viveram ali por muito tempo, mas acabavam sendo punidas – com a expulsão – por terem cuidado tão bem do meio natural de onde retiravam sua sobrevivência. Algo do tipo: "tudo bem, esse lugar que vocês moram é lindo e tem uma superbiodiversidade... Realmente adoramos!! Muito obrigado por terem preservado a região, mas agora podem deixar com a gente, que vamos cuidar, pois somos cientistas, técnicos, políticos e funcionários públicos burocratas muito mais sabidos que vocês. Ah! Caso queiram voltar, estará aberto à visitação turística em breve e a entrada será barata...". Essa seria uma forma do autoritarismo ecológico, responsável por uma verdadeira sacralização de árvores e animais, diante das quais a vida humana teria incomparavelmente menos valor.

A grande denúncia, e ela vem sendo prioritariamente feita por antropólogos, é a de que uma região como a Amazônia, por exemplo, tem sido ocupada por indígenas, descendentes de europeus e africanos por muito tempo e essas populações seriam plenamente adaptadas aos ritmos e exigências da floresta. Assim, a majestosa floresta Amazônica não seria uma área vazia, natural, mas fruto de milênios de intervenção humana. Muitas plantas existentes na região teriam proliferado em função de formas alternativas de aproveitamento do solo. O que aparentemente é apenas "natureza" é também, e principalmente, resultado da ação de práticas culturais humanas específicas. Não há mata virgem e a "natureza intocada" seria mais um dos mitos acalentados pelo homem contemporâneo. E isso não se refere apenas aos nossos dias: pesquisas arqueológicas recentes mostram como áreas da várzea amazônica mas também de terras firmes foram habitadas por populações numerosas, sedentárias e talvez estratificadas, em períodos pré-históricos. Desde o final do Pleistoceno, cerca de 11 mil anos atrás, houve uma difusão de populações caçadoras e coletoras e, desde então, organizaram-se as primeiras sociedades de hábitos culturais sedentários. Entre os séculos V e XV, ocorreu significativo aumento demográfico e aguçou-se a complexidade cultural daquelas sociedades, com práticas de coleta, caça, horticultura e agricultura por longos períodos. Assim, seria impossível falar de uma floresta Amazônica "virgem", mesmo nos primórdios da colonização portuguesa.

À ênfase excessiva da biodiversidade das matas tropicais dada pela mídia internacional, contrapõe-se a face humana da floresta, destacando-se a importância da discussão de práticas preservacionistas que considerem bichos, árvores e rios mas também as populações de seringueiros, ribeirinhos, caboclos, colonos, descendentes de escravos ou de migrantes nordestinos. Evidenciam-se os aspectos sociais e políticos dos fatos referentes à ecologia e afirma-se a impossibilidade de dissociar as relações dos homens com a natureza das formas como os homens se relacionam mutuamente. Nossa cultura ocidental delineou um abismo entre o homem e a natureza, mas não precisa ser necessariamente assim. Boa notícia: o homem não é, necessariamente, um destruidor. Cabe à nossa sociedade ser capaz de reinventar suas relações com a natureza.

Contraponto

Entretanto, existem inquietantes problemas na perspectiva exposta acima e dos paralelos estabelecidos entre a diversidade cultural e a biodiversidade. Uma das maiores complicações refere-se a um termo bastante utilizado pelos defensores da presença do homem em áreas de grande biodiversidade: populações tradicionais. O argumento crucial dessa perspectiva é de que essas pessoas possuem um estilo de vida muito antigo e autoidentificam seu grupo como uma comunidade particular, numa quase simbiose com a natureza, com saberes passados de geração em geração sobre o meio natural em que habitam, com consumo apenas para subsistência e pequena acumulação de capital, além do uso de tecnologias simples e não ofensivas e pouca divisão técnica e social do trabalho.

Entretanto, a classificação de uma população como tradicional pode encontrar sérios impasses. Uma vez assim definido, esse grupo poderia transformar suas práticas materiais? Nesse caso, eles poderiam continuar na área a ser protegida?

Vamos supor que os jovens dessas comunidades rebelem-se contra os velhos, queiram mudar, ganhar dinheiro, explorar os recursos existentes de outra forma, seduzidos pelo mundo exterior. Eles não poderiam ter esse direito? Será que essa não se ria uma forma de recusar a essas pessoas a mudança e a possibilidade de escolha, criando obstáculos para que elas possam construir sua própria história? Afinal, eles teriam que continuar sendo tradicionais...

Há ainda fortes dúvidas e muitas evidências de que essas populações tenham práticas tão inócuas. Afinal, como vimos, mesmo a ação dos índios tupis, na época pré-colombiana, tinha expressivas consequências e o aumento populacional em curso pressionava várias espécies em direção à extinção. E mais tradicionais que eles, convenhamos, impossível. Estaríamos aqui, novamente, diante do mito do bom selvagem ecologicamente correto. Cientistas como Fábio Olmos afirmam que é um engano muito grande achar que a agricultura de coivara gera biodiversidade, como se ela favorecesse a criação de espécies. Na verdade, em áreas limitadas ela agiria no sentido oposto e excluiria os seres vivos cuja sobrevivência só é possível em florestas maduras. As espécies favorecidas seriam aquelas que, oportunamente, ocupariam o lugar daquelas em extinção e teriam uma sobrevivência garantida mesmo em matas secundárias. Assim, seria incorreto dizer que essas populações vivem em harmonia com as espécies existentes. Essa convivência se dá, na verdade, apenas com as espécies mais resistentes e de difícil extinção, pois as outras já foram exterminadas há muito tempo.

Uma das características mais notórias das matas tropicais é a incrível variedade de espécies: milhares de insetos, répteis, pássaros, mamíferos, orquídeas, etc. Diferentemente, as matas temperadas – tal como existem na Europa e na América do Norte – têm um número limitado e facilmente reconhecível de espécimes em sua flora e fauna. Esse limite traz, entretanto, uma vantagem: mesmo após uma quase completa destruição, é possível recuperar uma mata temperada, mesmo que isso demore muitas décadas. O mesmo não ocorre com uma floresta tal como a Atlântica ou a Amazônia. Como a variedade de espécies é monumental e uma grande parte delas é endêmica – ou seja, só existe naquela área, – uma vez devastada sua cobertura vegetal ou exterminados os seus animais, essa floresta nunca mais poderá ser recomposta. Como favorecer a vida de seres vivos que não foram sequer identificados pelos cientistas? Assim, a grande riqueza das florestas tropicais caminha de braços dados com sua fragilidade. O pesquisador Warren Dean chega a afirmar que o desaparecimento de uma floresta tropical é uma tragédia de dimensões incalculáveis.

Na situação atual, os remanescentes das matas são muito reduzidos e não contíguos (ou seja, as extensões de matas são separadas por largas faixas sem preservação), seus sistemas são frágeis e as populações ditas "tradicionais" são cada vez mais atingidas pelos hábitos de consumo e pelas pressões econômicas. Muitos acreditam que manter a presença humana fixa é, decididamente, decretar a extinção definitiva de inúmeras espécies. Nesse sentido, os defensores de uma conservação mais estrita não negam, necessariamente, o valor da vida humana. Antes, afirmam que a humanidade sofrerá uma perda irremediável e que esses grupos não têm o direito de pôr em risco um patrimônio ambiental do qual depende a sobrevivência do planeta e de todos os homens. Por outro lado, enquanto se decide se uma população é tradicional ou não e como ela se situará numa determinada área, muita coisa já se perdeu. Na preservação da Mata Atlântica, ou dos "caquinhos" que dela restaram, não há tempo para isso. A indecisão será fatal e todos perderemos com isso.

Reforçando esses argumentos, restam inúmeros casos de reservas indígenas ou áreas de povos "tradicionais" onde há intensa extração madeireira ilegal, tráfico de peles e de animais silvestres, caça excessiva incluindo animais em extinção, exploração indevida de palmito, uso de partes de animais para confecção de artesanato (incluindo penas de aves em ameaça de extinção), atividades de garimpo e o arrendamento das terras para plantadores de soja. No litoral, há uma verdadeira espoliação dos corais e perseguição de conchas para venda aos turistas.

Ao mesmo tempo, pesquisas demográficas mostram como o crescimento populacional indígena tem sido surpreendente no Brasil contemporâneo, tanto pela entrada de pessoas de descendência indígena nas reservas, numa tentativa de "volta às origens", como por altas taxas de crescimento vegetativo. Isso certamente gera uma pressão enorme de caça, pesca e uso dos recursos naturais. Como fazer? Limitar o número de indígenas por reserva? Aumentar cada vez mais o território? Impor aos índios um controle de natalidade? Torna-se óbvio como muitas dessas populações têm interagido fortemente com a economia de mercado. Haveria, então, uma grande e, sobretudo, danosa ilusão, e a ideia de "população tradicional" seria antes um desejo de alguns intelectuais do que uma realidade. Esse mito de caráter urbano, criado por pessoas que projetam suas idealizações e expectativas em sociedades encontradas em ambientes bucólicos, pode ser tão autoritário quanto o de uma natureza intocada.

Mesmo que se admita a arbitrariedade muitas vezes presente na implementação de áreas de preservação, com os problemas imensos criados na vida dos antigos residentes – e tudo isso deve ser debatido – urge considerar que os grupos "tradicionais" vivem um processo agudo de perda de suas experiências e de inserção nos planos de desenvolvimento econômico e social. Segundo a antropóloga Lúcia Ferreira, a apresentação dessas pessoas como "populações tradicionais" envolveu uma verdadeira "invenção de tradições", ou seja, os intelectuais projetaram as suas próprias ideias e as colocaram na boca desses habitantes. Tudo isso ocorreu em momentos de grandes conflitos de caráter político, envolvendo os poderes públicos, as associações de moradores e muitas ONGs nacionais e internacionais, e o que está em jogo é quem vai controlar a tomada de decisões.

Os habitantes "tradicionais", por sua vez, estão longe de serem meros espectadores. Atuam politicamente na defesa de seus interesses. Para eles, a qualidade de "tradicionais" traz a expectativa de se manterem onde estão. Ao mesmo tempo, encontram-se quase obrigados a se perpetuarem como uma sociedade isolada, num contexto onde há muitas pressões de um mundo que se afigura como um exterior. Os sonhos dos jovens que vivem ali não se limitam à mera reprodução do estilo de vida de seus antepassados, ultrapassando os limites do que é considerado "tradicional", com o desencadeamento de agudos conflitos entre gerações.

Um aspecto importante a ser destacado reside no fato de que o mundo capitalista, globalizado, ligado na internet e produtor de inúmeros bens de consumo não se instalou apenas pela repressão. É principalmente pelo que oferece de sedutor, pelo que é capaz de criar, que o capitalismo não apenas se sustenta mas se renova continuamente. O capitalismo certamente não eliminou nem a miséria, nem a fome, e podemos ter sérias dúvidas de que ele algum dia o fará. Mas ele nos locupletou de uma série de máquinas capazes de nos proporcionar conforto, elevou a tecnologia e os seus usos a um nível fantástico, alimenta nosso desejo e coloca no centro de nossas vidas o apelo dos produtos que inventa incessantemente: *home theatres*, aparelhos de DVDs, máquinas de lavar roupas e pratos, máquinas fotográficas digitais, celulares, computadores, jogos eletrônicos, roupas maravilhosas, tênis que incrementam sua *performance* no esporte, bonés usados pela Britney Spears e pela Madonna, celulares para cães, pipocas de micro-ondas, e tantas outras coisas. Poderíamos citar também o grau de sofisticação do sistema de transportes com a segurança e rapidez dos aviões, metrôs e trens modernos. Há ainda os inúmeros medicamentos desenvolvidos por laboratórios, certamente ávidos pelo lucro, mas cuja invenção e uso possibilitou salvar incontáveis vidas, como nos exemplos da penicilina, das vacinas (há poucos anos muitas crianças morriam de diferia, tétano ou sofriam os efeitos da paralisia infantil), ou dos atuais medicamentos contra a aids. O grau de apelo às mais diversas sociedades – e aí se incluem as "tradicionais" – não é nada desprezível. Esse nível técnico não é neutro: ele só se tornou possível no seio da lógica capitalista. Não se trata de qualificar o sistema como bom ou mau, trata-se de entender *por que* e *como* ele é tão eficaz.

Após constatar a complexidade dessas polêmicas, será que voltamos à imagem de que o homem necessariamente destrói a natureza? Haveria uma essência humana, atemporal, em que o homem estaria relegado a esse afastamento? Nesse caso, como explicar a dedicação de tantos cientistas e ativistas às lutas em prol da preservação? Como entender a convivência diferenciada de algumas sociedades e populações com o seu meio natural (mesmo que sua ação não seja "inócua")? Certamente podemos encontrar exemplos, na história ocidental, da existência de outras práticas. Além dos "rastros de destruição", há muitas outras pistas a serem seguidas nessa presente investigação sobre a história das relações entre o homem e a natureza.

Outras histórias em vários cantos do mundo...

Em 1611, as plateias inglesas presentes às primeiras apresentações de *A Tempestade (The Tempest),* de William Shakespeare, assistiram a uma complexa trama desenrolada no cenário de uma ilha tropical, onde homens civilizados e náufragos protagonizavam atos de traição e luta política, domínio, busca de liberdade e perdão. Numa história de incrível densidade, a ilha surge como um microcosmo, lugar selvagem e sem história onde a sociedade civilizada tenta encontrar soluções redentoras. Cerca de um século depois, em 1719, o inglês Daniel Defoe (1660-1731) escreveu a história de *Robinson Crusoé*, personagem náufrago em outra ilha tropical dividido entre sua luta pela sobrevivência e seus dramas existenciais. Ainda cerca de um século depois, em 1832, Charles Darwin viajou em torno do mundo. Sua visita às Ilhas Galápagos, na costa pacífica da América do Sul, virou de ponta cabeça todas as ideias anteriormente aprendidas sobre os seres vivos e estimulou-o a desenvolver sua teoria da origem das espécies baseada na seleção natural.

Como podemos constatar, as ilhas ocuparam, por vários séculos a fio, um papel importante na mente dos europeus (e nos três exemplos acima, dos homens do poderoso Império Britânico). Segundo o historiador Richard Grove, a recorrência do tema da ilha – poderíamos citar muitos outros exemplos – é mais do que mera coincidência e se relaciona com a expansão marítima e colonial ao longo de todo esse tempo. Pesquisando textos escritos por missionários, médicos e naturalistas ingleses e franceses entre os séculos XVI e XIX, ele percebeu como se sistematizaram argumentos sobre a vulnerabilidade da terra frente à ação do homem e sobre como a exploração indevida causava alterações climáticas, erosão do solo e diminuição do regime de chuvas. Tais ideias não foram desenvolvidas por homens "plantados" em seus gabinetes nas cidades e em universidades europeias, mas justamente por aqueles que haviam viajado e, principalmente, dedicado vários anos de suas vidas ao trabalho nas colônias distantes. Não há exemplo mais fantástico do que o de Alexander von Humboldt (1769-1859), nascido na Prússia e que viajou para os domínios espanhóis na América, contratado por Carlos IV. A expedição estendeu-se entre 1799 a 1804, os relatos alcançaram notoriedade por toda a Europa e Humboldt tornou-se uma das maiores celebridades de seu tempo, inaugurando uma nova conceituação ecológica das relações entre os homens e o mundo natural.

Ao mesmo tempo em que as empresas coloniais provocaram mudanças ambientais em larga escala, constituiu-se também um pensamento analítico rigoroso e racional sobre mudanças ecológicas e sobre novas formas de controle da terra, no contexto dos intensos contatos entre as nações europeias e suas colônias tropicais. Estas foram espaços privilegiados para que se explicitasse a percepção, por alguns dos colonizadores, das consequências ambientais da exploração excessiva dos recursos.

A observação de danos e alterações significativas, em intervalos de tempo relativamente curtos, já havia sido relatada nos casos das ilhas Canárias e Madeira, no século XIV, assim como nas Índias Ocidentais, no século XVI. Mas as experiências vividas nas ilhas de Santa Helena (aquela mesma onde os ingleses confinaram Napoleão derrotado!) e Maurício ilustram o surgimento de uma clara consciência do perigo da degradação decorrente de uma utilização irracional da terra. As ilhas Maurício, dominadas pelos franceses entre 1722 e 1790, foram palco das primeiras experiências de conservação sistemática de florestas, com plantio de árvores, cuidados de racionalização agrícola para poupar o solo. Mais ou menos na mesma época, em Paris, o conde de Buffon (1707-1788), diretor do Jardim botânico real (*Jardin du Roi*), autor da grandiosa *História Natural* (cujos trinta e seis volumes eram vorazmente lidos em toda a Europa) e um dos mais influentes estudiosos da natureza no século XVIII, dedicou-se profundamente ao estudo das relações entre a vegetação e efeitos atmosféricos.

Desde o século XVII, a utilização da madeira pelos países europeus tornou-se exorbitante. O aumento demográfico exigia mais lenha para aquecimento e cozinha. A expansão marítima de países como Portugal, Espanha, Holanda, França e Inglaterra exigia a construção de esquadras poderosas e imponentes. A industrialização e o crescimento das cidades, no século XVIII, aumentou ainda mais o consumo de madeira. No início do século XIX, surgiram máquinas a vapor e novos navios passaram a cruzar velozmente os oceanos (nos padrões da época, é claro).[2] Logo a seguir, inúmeras ferrovias cortariam as extensões da Europa, demandando mais e mais madeira para a colocação dos dormentes e para alimentar locomotivas insaciáveis. A exploração sem precedentes das florestas tropicais nas mais variadas colônias fez com que muitos colonizadores, especialmente os que trabalhavam em ilhas, pudessem averiguar muito claramente as consequências dessas ações no solo, no desaparecimento da fauna, na diminuição dos rios e no clima. Esses homens também tomavam as ilhas como microcosmos, a partir dos quais extrapolavam as conclusões retiradas da sua observação.

Houve, naquele contexto, uma faceta "verde" do imperialismo. É muito importante frisar as especificidades dessas práticas, muito distantes do ambientalismo em vigor nos nossos dias. Não se "lutava pela proteção da natureza" – como é comum atualmente – pela ideia de que o meio natural deve ser preservado por seu valor intrínseco. A expansão abrira possibilidades inéditas para o mundo europeu. O médico português Garcia da Orta, que vivia em Goa, na Índia, em meados do século XVI, e escreveu um importante tratado sobre plantas medicinais encontradas naquela região, surpreendia-se sobre como a botânica parecia mudar inteiramente a sua face à medida que se adentrasse a zona tropical. Como demonstra o historiador Richard Drayton, a grande questão residia nas relações que as várias nações coloniais construíram entre poder político, natureza e agricultura. A partir desse tripé, fortaleceram-se os estudos da botânica e demais áreas da história natural, com

---

[2] Em meados do século XIX, o tempo de viagem de um vapor entre Londres e o Rio de Janeiro era de 28 dias.

amplo financiamento pelos governos, além da organização de jardins botânicos pelos quatro cantos do mundo, com trocas de mudas e espécies entre as várias colônias de cada um dos impérios. Parecia que o homem, expulso em tempos míticos do Jardim do Éden, poderia recuperar parte de seu poder e sabedoria primordiais em jardins então organizados com mudas e sementes trazidos dos mais variados cantos do mundo, com a verdadeira enchente de novas plantas possibilitada pelas conquistas europeias. Os primeiros jardins botânicos foram organizados em Pádua (1545), pelo Senado da República de Veneza, e em Pisa, pelos Médici. Em Pádua, a construção possuía uma disposição circular dividida em quatro partes representativas dos continentes e agrupando as mudas a eles correspondentes, numa explícita aproximação entre o jardim e todo o mundo, para que aqueles que o percorressem realizassem uma espécie de viagem simbólica através da botânica. O catálogo do Jardim Botânico de Oxford comparava esta instituição à Arca de Noé, pois assim como esta continha exemplares de todos os animais, o jardim se constituía como um microcosmo do mundo.

Seguiu-se a fundação de jardins em várias cidades europeias, como Viena (1573), Göttingen (1576), Leipzig (1580), Leyden (1587), Base (1588), Montpellier (1593), Oxford (1621) e Paris (1631), todos com a mesma ambição de conter o mundo em um jardim. Todos esses saberes constituíam-se paralelamente a uma preocupação sistemática com as condições climáticas e a decorrente disponibilidade de água para a agricultura nas colônias. Explicitaram-se os nexos entre a preservação das florestas e a prudência política de garantir o suprimento de madeira para a manutenção e ampliação futuras do poderio naval e da expansão mercantil. Aqueles homens possuíam uma perspectiva utilitarista e o sentido da conservação da natureza era guiado tão somente, por vários séculos a fio, pela intenção de seu uso econômico, racional e político. Todos esses cuidados e preocupações engrossavam os esforços feitos para a glória dos impérios, fosse ele britânico, holandês, espanhol, francês ou português.

PIANTA DELL HORTO DE I SEMPLICI DI PADOVA

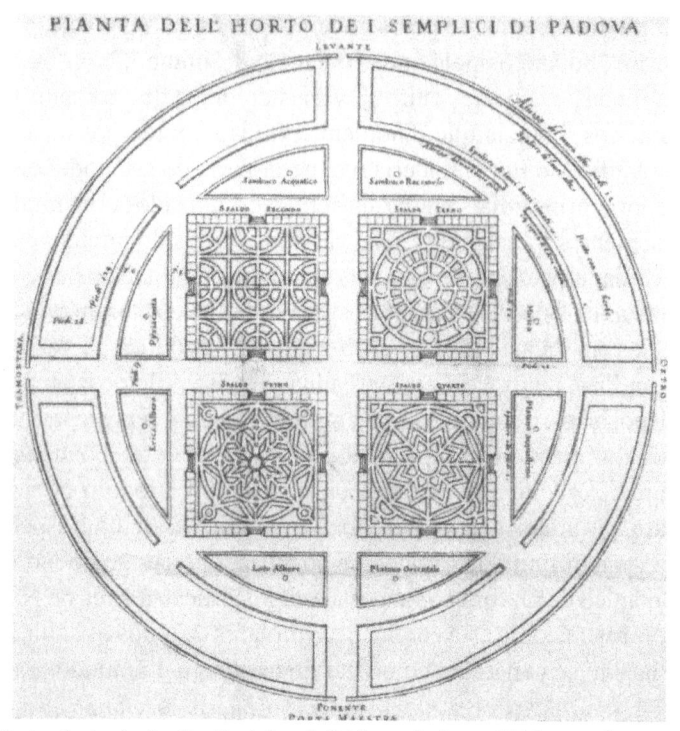

Nesta planta do Jardim Botânico de Pádua, criado em 1545, a configuração das plantas distribuídas entre as quatro partes do mundo explicitava o desejo de que percorrer suas coleções seria uma viagem simbólica pelos vários continentes. (Bodleian Library, Oxford. In: Drayton, Richard. Nature's Government. *Yale: Yale University Press, 2000, p. 10)*

... E no Brasil

Mais interessante ainda é saber que tais eventos tiveram desdobramentos na colônia do Brasil. Portugal, cujo processo de unificação nacional apresentou-se precoce em relação aos outros países da Europa, empreendeu uma expansão marítima pioneira no contexto da época. No século XVI, seu domínio estendia-se na costa africana, Índia, parte da América, além de feitorias em Colombo (cidade no Ceilão, atual Sri Lanka), Macau, Malaca (na atual Malásia), e Timor, configurando a extensão de um verdadeiro Império Português. Entretanto, a promissora emergência dessa nação não a impediu que, a partir de 1580, sob a hegemonia espanhola, pudesse conhecer grandes dificuldades. No século XVII, Portugal perdeu parte expressiva das colônias para os ingleses e holandeses, além de sofrer a invasão destes últimos no litoral nordeste brasileiro.

Durante muito tempo, o encontro dos portugueses com o meio natural do Brasil gerou surpresa, deslumbramento e mesmo uma grande euforia com os ganhos possíveis. Afinal, o nome definitivo para a nova colônia referia-se ao primeiro produto comercializável encontrado, o pau-brasil. Inicialmente, não houve uma política oficial de sistematização de conhecimentos ou práticas de cuidado com os recursos encontrados. A carta de Caminha trazia certamente indicações sobre as possibilidades de exploração, com a visão de águas infindas e grandes arvoredos. Mas não houve a demanda, pela Coroa, de um esforço maior de detalhamento.

A observação do meio natural e a sistematização dos conhecimentos adquiridos partiram especialmente da iniciativa de religiosos, em sua grande maioria jesuítas e franciscanos, nem sempre de origem portuguesa, como no caso do franciscano francês André Thevet (1502-1592). Presente no Brasil em meados do século XVI e autor de *As singularidades da França Antártica, também denominada América* (*Les singularitez de la France Antarctique autrement nomonée Amérique*, 1558), listou variedades de mamíferos, répteis, aves, e plantas, com observações diversas, oscilando entre dados morfológicos e comentários morais (como no caso do macaco, apontado como animal fortemente inclinado à luxúria). Também o calvinista Jean de Lery (1534-1611) viveu entre os índios no Brasil, em meados do século XVI, e deixou algumas notas sobre a fauna e flora existentes.

Os jesuítas foram minuciosos observadores da natureza da colônia do Brasil. Muitas de suas obras permaneceram desconhecidas da maioria dos homens da época, como é o exemplo de cartas do Padre José de Anchieta (1534-1597), publicadas apenas em 1799. Nelas, há uma primeira sistematização de alguns conhecimentos sobre animais e plantas, com o uso de recorrentes analogias com espécimes já conhecidas dos europeus, para auxiliar a compreensão. Assim, ao descrever os peixe boi, o padre compara sua corpulência ao do boi. Ao mencionar o tapir, afirma sua semelhança com a mula, mas com pernas mais curtas e pés divididos em três partes, assim como o tamanduá tem a carne tão saborosa como a de uma vaca.

O jesuíta Fernão Cardim (1540-1625) também realizou relatos preciosos e bastante detalhados, tendo vivido no Brasil a partir de 1583. Na ocasião de uma visita a Portugal, em 1601, seu navio foi abordado por piratas ingleses e Cardim feito prisioneiro. As condições de sua fuga posterior são obscuras, mas seus manuscritos caíram nas mãos do pirata Francis Cook e acabaram publicados em inglês, em 1625, com o título *A treatise of Brazil written by a Portuguese who had long lived there* (Tratado do Brasil escrito por um português que viveu lá por um longo tempo). As primeiras edições em português de seus textos datam de 1847 (quando o historiador Varnhagen publicou sua *Narrativa epistolar*), e 1925 (*Do clima e da terra do Brasil*, *Do princípio e origem dos índios do Brasil*, ambos sob a organização de um grande historiador brasileiro, Capistrano de Abreu). Os escritos e desenhos de outro missionário, Frei Cristóvão de Lisboa, realizados entre 1624 e 1627, cujo conteúdo privilegiava a história natural dos animais e árvores por ele encontradas no Maranhão, foram reunidos em manuscrito vendido por um alfarrabista de Lisboa ao Estado português e integrado ao Arquivo Histórico Ultramarino. No alvorecer do século XVII, surgiu ainda *Frutos do Brasil* (1702), de autoria do franciscano Frei Antônio do Rosário, em que o autor constrói narrativas sobre as várias frutas por meio de parábolas de conteúdo moral e religioso.

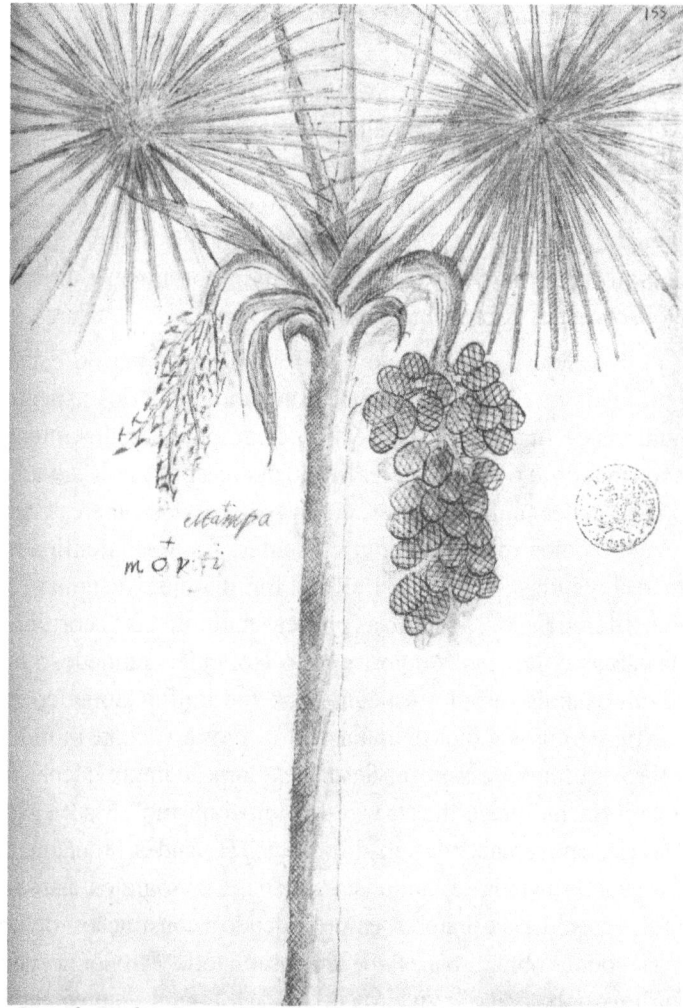

Desenho realizado por Frei Cristóvão de Lisboa ilustrando o Morety, acrescido da explicação de tratar-se de palmeira alta, com folhas em forma de roda, grandes cachos de cocos redondos, formosos e comestíveis. (LISBOA, Frei Cristóvão de, 2000). A planta em questão, Mauritia flexuosa L.f., é originária da América do Sul.

Destacam-se ainda alguns livros de autores laicos. Merece especial citação o livro de Hans Staden, alemão que viveu a experiência de prisão pelos índios e quase foi devorado por eles. Além da narrativa de suas desventuras e seu salvamento, o relato – publicado em 1557 – traz sete pequenos capítulos apresentando a visão de uma fauna e flora bizarras, sempre sob o signo do exotismo. Ainda no século XVI, as obras *Tratado da Terra do Brasil* e *História da Província de Santa Cruz* de Pero de Magalhães Gandavo (?-1576) e *Tratado descritivo do Brasil* (1587) do cronista e explorador português Gabriel Soares de Souza (1540-1592) também trazem importantes descrições e observações sobre a natureza.

Não houve, até o século XVIII, uma ação direta do Estado português na sistematização de conhecimentos dos aspectos naturais de sua colônia. Entretanto, nem todo o conhecimento anterior sobre o Brasil foi realizado apenas por obras isoladas ou por ações mais regulares, como no caso dos saberes organizados pelos religiosos aqui presentes. As áreas dominadas pelos holandeses entre 1631 e 1654 foram objeto de uma política diferenciada, seguindo as práticas naturalistas já correntes nas áreas colonizadas pelo Império Holandês, cuidadoso em reunir os mais variados espécimes no seu Jardim Botânico em Leyden[3] e cujos sábios eram bastante ativos no debate mundial sobre os efeitos desastrosos de uma exploração imprevidente, na anteriormente citada "faceta verde do imperialismo". Maurício de Nassau, o governador designado do Brasil Holandês, prontamente , organizou a vinda de naturalistas, médicos, cartógrafos, astrônomos, desenhistas e pintores, empreendendo a construção – dentre várias outras obras urbanas – de um observatório astronômico, um jardim zoobotânico e viveiros de mudas. Foram empreendidos inúmeros levantamentos cartográficos da região e multiplicaram-se estudos sobre a fauna, flora, com ênfase nas propriedades medicinais das várias espécies ou de seus possíveis usos e aclimatação.

---

[3] O Jardim Botânico de Leyden constituiu-se como uma referência para toda a Europa. Carl von Linnaeus (1701-1788), o inventor da classificação binária das espécies, trabalhou ali entre 1735 e 1738, quando publicou sua primeira edição do *Systema Naturae*

Vários mapas e gravuras foram realizados, além da publicação de obras. Em 1648, foi publicada a *Historia naturalis Brasiliae*, em Amsterdã, com a produção dos naturalistas George Marc-grave e Willem Piso, realizada sobre o Brasil, com 429 ilustrações fartamente anotadas em doze volumes. Os quatro primeiros livros, de autoria de Willem Piso, intitulavam-se *De Medicina Brasiliensi*, e claramente abordavam a matéria dos usos medicinais de variados espécimes. Em sete outros

Imagem produzida no século XVII, pelo holandês Zacharias Wagene (1614-1668), desenhista, escrivão e soldado da Companhia das Índias Ocidentais no Brasil, entre 1634 e 1641. As anotações informam tratarem-se de frutos sadios e de sabor levemente ácido. Após a descrição da folhagem e da disposição dos galhos, sugere-se a possibilidade de cultivo na Europa, onde poderiam servir a enfeitar arcos ou as alamedas dos parques (Brasil Holandês, vol. II, p. 88). Em franco contraste, os comentários sobre a mesma planta, de Frei Antônio do Rosário, publicados em Portugal em 1701, detalhariam as aproximações entre as formas dessa fruta e a paixão de Cristo. Deus teria inscrito nela todos os sinais da Paixão, como a coluna, os chicotes, os cravos, as chagas, a coroa, o sangue e por isso a flor do maracujá deveria ser chamada de flor da paixão (Frei Antônio do Rosário, 1707, p. 156-157). Assim, em tempos bastante próximos, o maracujá se prestava a diferentes formas de conhecimento e descrição, em perspectivas culturais bem diversas.

volumes, Marcgrave tratava de botânica, peixes, pássaros, quadrúpedes, serpentes e insetos. No último, o cartógrafo Joannes de Laet – também diretor da Companhia das Índias Ocidentais – descrevia a região ocupada e seus habitantes, com detalhes sobre vida, costumes e linguagem (incluindo um extenso vocabulário tupi compilado pelo padre José de Anchieta). Até hoje, o material científico produzido pelos holandeses sobre a natureza do Brasil desperta nossa admiração e impressiona pela sua beleza e qualidade.

Novos ventos para Portugal e Brasil

A despeito do brilho da presença holandesa no Brasil, Portugal reconquistaria sua independência em relação à Espanha, em 1640, e, alguns anos depois, obteria a capitulação dos invasores das áreas ao nordeste da colônia, em 1654. Em fins do século XVII, com a descoberta de imensas reservas de ouro no Brasil (que a Coroa parecia acreditar serem inesgotáveis) abriram-se novas expectativas para a nação portuguesa, desejosa de reerguer-se como Império. D. João V, rei entre 1706 e 1750, costumava afirmar: "meu avô devia e temia, meu pai devia e eu não devo nem temo".[4] Chamavam-no de "o magnânimo", dada sua obsessão pelas grandezas e honrarias. Na verdade, ele chegou a ser imprudente, pois esbanjou a maior parte da riqueza, em luxos ostensivos e doações para a Igreja. Por outro lado, a exploração das fantásticas minas de ouro e diamantes ocorreu já num contexto de gradativa dependência daquela nação ao Império Britânico, este sim, em fulminante ascensão no cenário internacional. Mesmo assim, foi ainda tentando aproveitar os resquícios da maré e dos ventos favoráveis trazidos por tanta riqueza, que o rei D. José I, no poder entre 1750 e 1777, decididamente, quis reagir e elevar novamente

---

[4] Agradeço à Júnia Furtado, pela indicação da frase célebre.

o Império português no cenário internacional, liberando seu ilustre ministro dos Negócios Estrangeiros, Marquês de Pombal, para uma reforma completa do Estado. Pombal buscou dinamizar a estrutura administrativa, centralizar e fortalecer a monarquia. Empreendeu mudanças radicais no tratamento dos indígenas, expulsando os jesuítas e transferiu a sede do governo da colônia do Brasil de Salvador para o Rio de Janeiro (mais próximo das áreas mineradoras). Reconstruiu Lisboa que, em 1 de novembro de 1755, havia sido destruída por um terremoto, seguido de um maremoto com ondas de vinte metros e, nas áreas não inundadas, de um grande incêndio. Os mortos foram calculados em 90 mil, entre os 275 mil habitantes de Lisboa. A cidade teve ainda 85 % de suas construções destruídas.[5] Por fim, mas não o menos importante, reformou a Universidade de Coimbra.

Vale insistir, mais uma vez, que o Império português não se resumia ao Brasil: além da colônia americana, os colonizadores lusos possuíam terras na Ásia e na África, e participavam de um mundo onde se intensificava o contato entre várias culturas e várias regiões do mundo, viajando pelo Pacífico, Atlântico e Índico, ao lado de navegadores e conquistadores de outras nações. Pelos oceanos, como afirma a historiadora Júnia Furtado, circulavam mercadorias, mas também ideias, livros, planos, notícias de sedições e – poderíamos acrescentar – mudas e sementes de plantas, além de uma série de informações sobre a natureza dos locais alcançados, as experiências vividas por esses homens com diferentes floras e faunas e a disposição de conhecê-los, explorá-los e, em alguns casos, como vimos, criar formas racionais para seu aproveitamento.

---

[5] Do outro lado do oceano, no Marrocos, o mesmo fenômeno causou a morte de cerca de 10 mil pessoas no Marrocos. Vários outros países do Mediterrâneo também foram atingidos, em menor escala. Para maiores informações, ver o *site* da University of California: http://nisee.berkeley.edu/lisbon/.

Em todas as suas ações, Pombal desejava sintonizar Portugal com a revolução do pensamento em curso no resto da Europa, onde se afirmava a ciência experimental, com a descoberta e explicação racional dos fenômenos naturais. Desde Bacon (1561-1626), o conhecimento era valorizado como fonte de poder do homem sobre a natureza e devia ser construído dentro de um método experimental, afastado das explicações religiosas. Não se negava a religião: considerava-se apenas que ciência e religião não deviam ser misturadas, até para que o conhecimento humano progredisse e, com isso, os homens honrassem o Criador. Também a dúvida metódica de Descartes (1596-1626) e a afirmação da correspondência entre as leis físicas existentes na Terra e aquelas em vigor no Universo por Newton (1642-1727) desencadearam um processo de crítica às explicações teológicas e metafísicas para o entendimento da natureza.

Nessa Europa em renovação científica, a Universidade de Coimbra – fundada em 1308 com o objetivo de formar a elite letrada lusitana – continuava apegada aos velhos métodos escolásticos, no estilo dos métodos das universidades medievais, sendo as bases do ensino a leitura da Bíblia, a autoridade e a hierarquia de um mundo visto como imóvel. Pombal decidiu mudar tudo pois, certamente, desejava transformar a mentalidade da elite portuguesa: afinal, havia um Império a ser explorado. Introduziu o ensino experimental, criou a Faculdade de Matemática, reformou a Faculdade de Medicina através de um ensino mais prático e fundou a Faculdade de Filosofia Natural (área que incluía o estudo da natureza).

Quando ocorreu a tragédia em Lisboa em 1755, no feriado católico de Todos os Santos, muitos começaram a anunciar que aquele era um castigo de Deus, numa tradicional explicação religiosa para o evento. Pombal reagiu e buscou uma compreensão racional da tragédia: mandou para as mais variadas paróquias de Portugal um questionário, indagando sobre a duração do terremoto em cada localidade, sobre a ocorrência de repetições, danos causados, mudanças no comportamento dos animais (muitos haviam se refugiado em lugares altos, antes do maremoto!) e consequências nos poços. Atualmente, os cientistas utilizam as respostas ao questionário para estudar o evento em Lisboa e vários deles apontam Pombal como uma espécie de precursor da sismologia, pois empreendeu a primeira iniciativa de descrição objetiva de um fenômeno sísmico.

O ministro desejou aplicar métodos racionais também na exploração das terras da rica colônia brasileira, com planos de uma exploração melhor do solo e das florestas, além da introdução de técnicas agrícolas preventivas da erosão do solo. A inauguração do curso de filosofia natural explica-se dentro dessa intenção. Contratou, em 1764, um eminente cientista italiano: Domenico Vandelli trabalhou no primeiro Jardim Botânico do mundo, situado em Pádua e fundado em 1545, com patrocínio da cidade de Veneza. Era correspondente do sueco Lineu (1707-1788), o inventor, em 1735, da classificação taxonômica dos seres vivos segundo o gênero e a espécie, em vigor até hoje, com algumas modificações (eu e você, por exemplo, somos *Homo sapiens*). Vandelli possuía correspondentes nos vários cantos do mundo, trocando correspondências sobre os vários meios naturais. Certamente, conhecia muito bem as histórias da devastação de ilhas como Canárias, Santa Helena e Maurício.

Uma vez em Portugal, Vandelli começou a criticar a destruição dos bosques e a intensa erosão do solo. Pregava o uso do adubo e o reflorestamento intensivo como soluções urgentes para o problema. Na Universidade de Coimbra, passou a formar gerações. Como muitos súditos de Portugal nascidos no Brasil iam estudar no Reino, havia alunos mineiros, baianos, pernambucanos, etc. que, uma vez retornando ao Brasil, mantinham correspondência com o mestre e lhe informavam sobre o estado da colônia, além de mandar-lhe exemplares das variadas espécies para estudo. Com base nessas informações, Vandelli passou a defender a mudança das práticas agrícolas no Brasil, considerando que as formas em vigor destruíam a natureza, esvaziavam os rios, diminuíam as chuvas e impediam as possibilidades futuras de exploração. É claro que havia também estudos e observações sobre outras áreas de domínio português, o que criava certamente uma perspectiva mais planetária e ultramarina. Note-se também que a defesa da natureza era feita em prol da perspectiva de sua utilização para o reerguimento do Império português. É uma situação muito diferente, por exemplo, da ação atual dos Estados na criação dos Parques Nacionais, que nunca poderão ser explorados. A lógica de Vandelli era outra: "economizar" a natureza, apenas para não gastar tudo de uma vez. Algo como não matar a galinha dos ovos de ouro...

Vandelli criou uma escola e realmente influenciou vários luso-brasileiros, como mostram os historiadores José Augusto Pádua e Osvaldo Munteal Filho. Muitas são as histórias que se desenrolam daí, como a de Alexandre Rodrigues Ferreira (1755-1815), nascido na Bahia e estudante de Coimbra, que viajou desde Belém até os limites entre o Brasil e a Bolívia, numa expedição de reconhecimento da natureza do Brasil e de suas riquezas, coletando centenas de espécimes para serem estudadas em Lisboa. Quando as tropas de Napoleão invadiram Portugal, essas coleções foram parte da pilhagem de guerra (vejam como o Império francês era realmente interessado no conhecimento do meio natural).

Há a história de D. Rodrigo de Souza Coutinho, ministro sucessor de Pombal, e fundador de uma instituição cujo objetivo era publicar obras científicas sobre agronomia e filosofia natural. Criou ainda o Seminário de Olinda, para a instrução da mocidade na religião, bons costumes, estudos de arte e ciência. Os padres ali formados possuíam uma boa base de conhecimento científico e esperava-se que atuassem nas mais distantes paróquias, como um formador de práticas agrícolas mais racionais e menos destrutivas das riquezas naturais. Durante seu ministério, D. Maria I assinou uma ordenação

Desenho realizado durante a viagem de Alexandre Rodrigues Ferreira ao Brasil. (*Revista Nacional de Educação*, 1932, Museu Nacional do Rio de Janeiro)

real protegendo os pés de pau-brasil, para evitar sua ruína e destruição. Certamente, a motivação desse ato não pode ser explicada como uma política preservacionista: desejava-se simplesmente restringir o uso da árvore para o benefício do Império português.

Por outro lado, tais práticas do Império português tiveram consequências desastrosas, gerando protestos. O historiador William Miller afirma que justamente esse monopólio fez com que as florestas representassem um obstáculo aos proprietários: a inexistência da possibilidade de sua exploração comercial foi justamente o motivo para a ruína rápida e absurda de vastas reservas vegetais, antes que a Coroa pudesse estabelecer interdições em suas terras, pela presença de madeira nobre. Muitos súditos protestaram contra o monopólio e apontaram seus efeitos negativos. José Joaquim da Cunha de Azeredo Coutinho (1742-1821), nascido no Rio de Janeiro e formado na Universidade de Coimbra, bispo de Pernambuco, denunciou como as madeiras de lei se configuravam como símbolos da imposição real sobre os colonos. Ele defendia que, se a Coroa realmente desejasse manter as incomparáveis árvores brasileiras, ela deveria agir em sentido contrário, tornando-as realmente valiosas para os colonos, que então deixariam de derrubá-las e queimá-las estupidamente, com o surgimento de práticas de exploração florestal mais racionais, nas quais as árvores passariam a ser um bem precioso a ser cultivado.

Frei Conceição Velloso (1742-1811), mestre de História Natural, autor de uma obra imensa, organizada a pedido de D. Rodrigo de Souza Coutinho, *o Fazendeiro do Brasil* (em onze volumes) dedicou-se ao estudo da flora fluminense. Nessa obra, buscava orientar os fazendeiros para o uso de práticas mais racionais e que preservassem o solo e as matas. D. Rodrigo, por sua vez, enviou cópias dos livros para todas as capitanias da colônia, buscando maior divulgação dos conhecimentos. Outro nome essencial a ser mencionado é o de Manuel de Arruda da Câmara (1752-1810), nascido na Paraíba, autor de obras sobre a flora de Pernambuco, tratados de agricultura, livros sobre insetos, além de uma obra na qual advogava a necessidade da fundação de jardins botânicos no Brasil.

Mas, talvez, um dos alunos mais eminentes formados em Coimbra tenha sido José Bonifácio (1763-1838), o célebre "patriarca da Independência". Além de suas atividades políticas, José Bonifácio era um eminente cientista. Nascido em Santos, mudou-se para Portugal aos 20 anos para estudar na Universidade de Coimbra. Após formar-se, viajou por vários países europeus em um longo programa de estudos de áreas diversas do conhecimento. Naqueles anos, não existia uma divisão tão rígida dos campos do conhecimento e as pessoas tinham uma formação mais abrangente, com zonas de contato entre as áreas físicas, biológicas e filosóficas.

A verdade é que a produção científica desse paulista traz a marca de sua versatilidade. Além de inúmeros textos sobre política, índios, mulheres, negros, agricultura, economia e mineralogia, publicou, em 1790, uma importante *Memória sobre a pesca da baleia e a extração do seu azeite*. Nessa obra, criticava enfaticamente a caça predatória dirigida principalmente às baleias fêmeas em companhia de seus filhotes, comprometendo, portanto, a reprodução da espécie. Em outro texto de 1815, *Memória sobre a necessidade e a utilidade do plantio de novos bosques em Portugal*, apontava as terríveis consequências do desflorestamento e interligava o destino daquela nação – como de qualquer outra – à capacidade dos governos de manterem suas florestas, cuja destruição exauria os solos, secava os rios, alterava o regime de chuvas e empobrecia e embrutecia os povos.

Se retomarmos todos esses exemplos de práticas passadas em que a natureza recebeu um determinado tipo de valor, podemos historicamente afirmar que não existe uma "essência" humana de oposição à natureza. Assim como há muitos exemplos de atitudes destrutivas e imprevidentes em relação ao meio natural, há tantos outros exemplos de preocupação, busca de cuidados e soluções, tentativas de criar uma sociedade culturalmente compatível com a preservação.

A busca da origem é inimiga da história

Mas, cuidado! Não podemos evitar um erro anti-histórico – apostar numa característica humana imutável – e cair em outro pior. E o que poderia ser pior? O anacronismo de acreditar nesses sinais de cuidado com a natureza como uma "origem" do nosso ambientalismo contemporâneo. Quando procuramos uma origem para qualquer coisa, enxergamos apenas o que reafirma o nosso ponto de partida. Este, por sua vez, passa a ser apresentado como o único ponto de chegada possível, com o consequente desprezo e esquecimento de outras tendências em curso que, de alguma maneira, apresentavam-se dissonantes e representavam outras possibilidades históricas.

Explico melhor: ao estudar a história em busca da origem do nosso ambientalismo, procuro nessas práticas apenas o que quero ver e o que confirme meus pressupostos. Projeto o nosso ambientalismo atual nas perspectivas daqueles homens e considero que eles pensavam como nós. Também seria possível fazer o contrário: estudar a história apenas enfatizando tudo o que endosse a visão do homem como grande destruidor. De uma forma ou de outra, submeto a história ao meu pressuposto e aos interesses que eu possa ter em afirmar que "a história sempre foi do mesmo jeito". Conscientemente ou não, manipulo a história em função de algo que quero provar aos homens de meu tempo, com o objetivo – consciente ou não – de sobrepor meu ponto de vista aos deles.

É claro que a história é sempre contada por nós e sempre tem a marca de nosso tempo. Mas considerar a prática da história como parte da história (algo que os historiadores profissionais chamam de historiografia) não quer dizer que possamos simplesmente deformá-la e submetê-la à nossas projeções. Tão grave como uma história "antiquária", com cheiro de defunto e enjaulada no passado é outra escravizada pelo presente e construída apenas para confirmar nossas certezas. Como afirma muito apropriadamente o historiador William Miller, a história só é uma professora refinada se mantivermos em mente como o passado é diferente do presente.

Nós, os historiadores, temos uma grande pretensão: desejamos que o conhecimento produzido possa mostrar como o homem e as sociedades humanas já foram completamente diversos dessa atual em que vivemos e que muitas vezes julgamos ser o único modelo existente desde sempre. Quando estudamos os egípcios, os romanos, os franceses medievais ou mesmo o homem no Brasil Império, nossa intenção é evidenciar como as pessoas puderam se vestir, comer, andar, gesticular, amar, produzir, plantar ou derrubar florestas, rezar, nadar nos rios, tirar a roupa, adoecer, curar, cantar, compor, enfim, fazer tudo que o ser humano pode fazer com sentidos, valores, intenções e concepções absolutamente diversas frente aos quais somos obrigados a nos desdobrar se quisermos realmente compreendê-las. É um esforço de encontro com o "outro". Cornelius Castoriadis, filósofo do século XX e grande entusiasta da história, apontou como o conhecimento da história pode nos mostrar "os outros possíveis do homem", fazendo com que possamos relativizar nossos valores e certezas mais firmes sobre a sociedade. A nossa busca de conhecimento adquire um sentido radical, alegre, transformador, pois passamos a pesquisar e estudar não apenas para dizer o que é, mas para nos tornarmos capazes de fazer ser o que não é.

Terminarei este capítulo com uma frase talvez bastante romântica, mas na qual o estudo da história me faz acreditar. Afinal, de que vale a vida sem esperança... Engrossarei o coro dos que ousaram dizer: "– um outro mundo é possível!" Mas talvez seja conveniente acrescentar pelo menos duas considerações: 1. não necessariamente! 2. o emprego da frase no plural cairia bem...

CAPÍTULO III

História e História Ambiental

Fundindo os miolos

Por intermédio do estudo da história, é possível perceber que não há uma única atitude das sociedades humanas em relação ao meio natural. É óbvio que os homens sempre tiraram dali a sua sobrevivência, seu alimento, sua água, o fogo para se aquecer do frio, os materiais para seus instrumentos. Mas eles o fizeram de formas muito diferentes, com perspectivas e valores muito diversos. Assim, é incorreto afirmar: "– o ser humano sempre foi um grandíssimo destruidor, vejam só que papelão ele sempre fez, desde a pré-história!!! Definitivamente, ele não tem jeito!! Vivam os animais e as plantas, abaixo o homem!" Mas também seria um erro dizer: "– no fundo (mesmo que seja bem lá no fundo!), o homem sempre amou a natureza, e esta consciência está se revelando, aumentando até que chegará ao máximo, na próxima era de Aquário!" Nas duas perspectivas, considera-se que o homem teria uma essência imutável ou latente que a história se encarregaria de "revelar".

Mas quando prestamos realmente atenção no estudo da história, não encontramos apenas continuidades. Antes, deparamos com fatos que questionam nossas certezas e introduzem dúvidas sobre aspectos considerados muito seguros, inabaláveis até. Segundo o filósofo Michel Foucault, a história introduz o descontínuo em nosso ser, trazendo-nos uma possibilidade de amadurecimento intelectual. Possibilita perceber que nada é tão fixo como se pensa à primeira vista. Tudo tem maior complexidade e é preciso que saibamos lidar com isso. Assim, o homem não é nem um destruidor nato, nem um ecologista que só precisa de tempo para se mostrar, à medida que "evoluir".... Não há essência humana, não há um único homem: antes, o ser humano se construiu, historicamente, de muitas maneiras. Desconfiado do que estou afirmando, você diria que a fé é uma essência humana. Mas o homem que crê definitivamente não é o mesmo. Ou então: o amor é uma essência humana. Mas é um grande erro achar que Antônio e Cleópatra se amaram como Romeu e Julieta, ou que uma mãe grega antiga amava o seu filho da mesma forma que uma mãe francesa moderna ama seu bebê. Ou ainda: o medo da morte é uma essência humana. Mas os egípcios antigos viam a morte de uma forma muito diversa da que nós enxergamos. Há ainda os exemplos dos muçulmanos que lançaram o avião americano nas torres gêmeas, gritando, vitoriosos "Por Alá!!", ou dos Kamikazes japoneses em luta na Segunda Guerra Mundial: será que eles enfrentam a morte da mesma maneira que nós?

Alguém poderia ainda apontar a existência de um fator biológico transcendente ao tempo histórico no fato de o homem sempre ter modificado a natureza, retirando dela o seu sustento. Entretanto, o rol das necessidades biológicas não é partilhado apenas pelas sociedades humanas, mas são comuns a todos os seres vivos. Nisso, os homens não diferem das focas, das esponjas, dos pássaros, ou das árvores. O essencial das sociedades humanas e o que elas compartilham, diferenciando-se dos outros seres vivos, é o fato de se instituírem criando cultura, significando o mundo a seu redor e agindo em sua transformação. Ao fazer isso, os homens extrapolam suas necessidades biológicas, inventando inúmeras outras.

Portanto, seria melhor falarmos de homens, abandonando a categoria imutável Homem. Esse é um primeiro aspecto importante. Mas há outro: o universo não depende do ser humano para existir. Certamente não: poderíamos simplesmente não estar aqui. A natureza também funcionaria perfeitamente (quem sabe, até melhor) sem nossa presença, neste planeta cheio de água, plantas, animais, pedras e o deslumbrante azul do céu.

Mas, uma vez que estamos aqui, e pensamos, e olhamos tudo em volta, dando nomes para as coisas (isso é um tigre, ou uma naja, ou uma joaninha – ou mais sofisticadamente, depois de Lineu inventar a classificação científica binária, uma *Coccinella septempunctata*) somos *nós* que, construímos sentidos para o universo e para a natureza. Não que eles só existam à medida que pensarmos neles, como uma criação de nossa mente. Mas *o que pensamos sobre eles* é algo criado por nós. Assim, quando você diz: – a natureza é isso ou aquilo – você está construindo sentidos. Não vale falar qualquer coisa: não dá para dizer que o céu é verde. Mas quem inventou aquilo que vemos no céu como "cor" e como "azul", ou *blu*e, ou *bleue*, ou *azurro*, ah, isso foram os homens. Da mesma forma, não dá para dizer que a terra é triangular: a foto do satélite nos mostra um planeta indubitavelmente redondo. Mas durante quanto tempo o homem afirmou que a Terra era plana? Esse sentido existiu para tantos homens, que pensaram a vida inteira estar vivendo em uma espécie de chapa, e *isso foi uma verdade para eles*. Quantas coisas hoje reputamos como certezas absolutas e que não serão mais aceitas no futuro? Um cientista diz, coberto de razão, que a história do conhecimento se faz também com erros. Mas para o historiador, não são apenas erros, são concepções e modos de pensar que vigoraram em diferentes sociedades, guiando a vida dos homens e gerando consequências diversas.

Uma joaninha, ou ainda, uma Coccinella septempunctata.
(Fonte: http://www.adirondackpine.com/images/ladybug.jpg)

A terra gira em torno do sol. Mas houve um tempo em que se acreditava no contrário. Nunca deixaremos nos espantar com o fato de que os homens torturaram e mataram por causa dessa questão. O historiador quer entender como foi possível, durante certo período de tempo, a construção e a imposição dessa ideia como verdadeira e porque sua contestação era inadmissível. Quem instituiu isso como verdade? Qual poder exerciam as pessoas responsáveis por essa afirmativa? O que mais elas defendiam? Como elas obtiveram autoridade o suficiente para decidir o que seria considerado falso ou verdadeiro? Quem as contestava e como?

Retornando ao nosso tema principal, os homens já construíram sentidos diversos para o que ele chama de *natureza* e certamente essa palavra nem sempre designou as mesmas coisas. Não que o mundo natural seja uma mera invenção humana, insistiremos nisso mais uma vez. Mas os sentidos dados a ela são criações culturais pelas várias sociedades ao longo do tempo e nas mais diversas partes do mundo. Assim, não há "o Homem", tampouco "a Natureza".

Natureza, naturezas

O historiador William Cronon esboçou alguns sentidos mobilizados quando o assunto é natureza. Um primeiro seria sua visão como uma realidade primordial. Daí, muitas vezes, para falar sobre o que uma coisa ou alguém verdadeiramente é, apontando sua essência imutável e atemporal, falaríamos sobre *sua natureza*. Existiria, assim, uma "natureza divina", "humana", "feminina", "masculina", ou mesmo "animal", e assim por diante. Em nossa cultura ocidental, marcada por uma tradição religiosa monoteísta, a natureza seria composta de um conjunto de essências e elas formariam, em última instância, uma realidade maior e transcendente, única e monolítica: a Natureza, com inicial maiúscula.

Um segundo sentido se desdobraria daí, apresentando a natureza como um imperativo moral, ou seja, um ditame, um dever, uma ordem decorrente de uma verdade mais profunda e anterior. Assim, falar que algo é natural é apresentá-lo como inquestionável, inato, inegociável, fora de discussão e, principalmente, positivo. Quando falamos do "jeito natural das coisas serem" é como se não houvesse qualquer alternativa: é assim que é, é assim que tem que ser, foi e sempre será, não tem discussão, fim de papo, ponto final. Se alguém discorda, está errado. Para William Cronon, essa perspectiva de evocar a natureza como fonte de autoridade para o que se diz é, em larga medida, um produto do Iluminismo Europeu. Se nossa herança judaico-cristã muitas vezes recorreu à autoridade divina para justificar eventos e fatos – é assim porque Deus quis – a Natureza afirmou-se como uma espécie de deidade secular, num mundo laicizado.

Outra perspectiva da natureza tributária das nossas tradições culturais judaico-cristãs residiria na ideia da natureza como um Éden. Quantos folhetos turísticos não exploram essa busca, recheados de fotos de praias deslumbrantes, paisagens de tirar o fôlego e mulheres de beleza exótica? "Venha para o paraíso!". Quem vive em grandes cidades, também é a todo o momento bombardeado por ofertas de condomínios fechados, onde se pode acordar ouvindo o som dos pássaros, o barulhinho da água de um riacho, assim como abrir a janela e sentir o aroma da natureza entrando em seu quarto, com árvores, flores, etc. Aliás, voltamos ao início de nossa discussão, pois tudo pode ser pago com seu cartão de crédito, *and you can do all what you want, any old time...*

Estaríamos aqui, também, diante do mito de uma natureza tanto mais "verdadeira", quanto mais "intocada pelo

*Próximos a reservas de mata Atlântica, hotéis e pousadas oferecem
paisagens paradisíacas e prática de ecoesportes.*
(Foto: Regina Horta Duarte, Petrópolis, Rio de Janeiro, 2003)

homem", como nas imagens das "florestas virgens". Quantos *resorts* (aqueles hotéis com mil piscinas, duas mil quadras, comidas maravilhosas, recreação, etc.) situados no Nordeste brasileiro não alardeiam sua proximidade a uma "das últimas reservas de mata Atlântica" e oferecem excursões guiadas ao local? Ou então, poderíamos passar ao mito de um homem primitivo, mais próximo da natureza, ainda não "pervertido" pela civilização, capaz de "ouvir" e "sentir" a natureza, vivendo em perfeita sintonia com ela, como nos mitos de um "bom selvagem" ou ainda das "populações tradicionais", ou dos chamados "povos das florestas", como discutimos no capítulo 2.

Mas também convivemos com concepções da natureza como artifício, como uma mera construção humana, como na música dos Titãs, em que se canta, numa estrofe, "as flores de plástico não morrem". É comum entrarmos em um ambiente absolutamente sofisticado, onde um vaso deslumbrante, com flores perfeitas, tão belas e coloridas, atrai nossa atenção. Muitas vezes, ao nos aproximarmos, percebemos – num sentimento entre a surpresa e certo desconforto – que fomos enganados, pois as flores eram artificiais. As flores de plástico idealizam uma natureza de acordo com certa perspectiva: elimina-se o trabalho de aguá-las, evita-se a presença de possíveis insetos, elas não murcham, não ficam feias, nem precisam de cuidado especial, de luz, etc. A natureza é "refeita" em conformidade com o que se quer dela. No caso, certo padrão de beleza e praticidade. Isso ocorre também em parques temáticos, como a Disney, em Orlando, onde desenhistas, arquitetos e paisagistas projetam cenários nos quais reconstroem paisagens idealizadas segundo certos padrões, com animais articulados, plantas artificiais, rochas de isopor pintado, etc. E você se encontra em plena aventura na selva!!!

Ainda segundo Cronon, desdobra-se outro sentido da natureza, também bastante atual: a natureza é um bem comercial para ser comprado e vendido. É o caso anteriormente citado dos pacotes turísticos e das casas em condomínios. Mas pense ainda nos bens oferecidos a turistas europeus em visita aos trópicos: livros com ensaios fotográficos da Amazônia ou de pássaros brasileiros, artesanato indígena "natural", filmes veiculados em TVs pagas sobre vida animal (como *Animal Planet* e *Discovery Channel*), CDs com sons

No Simba Safari, em São Paulo, os leões (animais de hábito noturno) têm que dar duro de sol a sol para que os turistas possam ver a natureza bem de perto. Note-se o carro dos seguranças, dirigido por funcionários com armas devidamente carregadas de tranquilizantes.
(Foto: Regina Horta Duarte, 1997)

"naturais" (como cantos de pássaros, ou barulho de ondas do mar ou correntezas do rio, para meditação). Podemos citar também toda uma febre de "produtos naturais", "remédios naturais", "pílulas de emagrecimento naturais", etc. Tudo é vendido como se o "natural" fosse necessariamente bom. "Pode tomar, não tem contraindicações é natural", dizem alguns, perigosamente ignorantes sobre os venenos tantas vezes presentes em vários espécimes vegetais. Como trágico exemplo, há o caso ocorrido em Belo Horizonte, nos anos 1980, quando duas mocinhas resolveram se bronzear utilizando-se de uma mistura com figo (recomendado em um programa de rádio como "totalmente natural!"), sofrendo queimaduras gravíssimas por todo o corpo, a ponto de uma delas não resistir e falecer.

Ao mesmo tempo, a moda dos animais de estimação movimenta a economia, com inúmeros produtos, como sapatinhos e roupinhas para cães, fitinhas para gatos, uma chatice para os bichinhos, mas um apelo inestimável para um homem cada vez mais só, carente de afeto e contato. Há também o comércio de animais silvestres, levando tucanos, cobras diversas, salamandras e outros pobres coitados para dentro de pequenos e escuros apartamentos, tudo isso alimentado por práticas de tráfico ilegal. Durante o transporte clandestino, sempre inadequado e na maior parte das vezes em condições cruéis, dezenas de animais morrem, muitas vezes sufocados, para que um ou dois cheguem aos destinos de vendas e satisfaçam o desejo do homem moderno de "maior contato com a natureza", reforçado por frases como "adoro animais!". Imaginem se não gostassem, o que fariam...

No Sea World, em Orlando, Flórida, as arraias são colocadas em tanques circulares para que os turistas possam tocá-las, numa suposta experiência de aproximação com o mundo natural. (Foto: Antônio Ribeiro, 1998)

No início do século, a moda feminina ditou o sacrifício da avifauna e animais brasileiros, para enfeitar os cabelos e aquecer – num país tropical – os pescoços das damas. (Revista Fon-Fon! Rio de Janeiro, 26-07-1919, XIII, n. 30)

Um bom exemplo histórico pode ser encontrado ainda no comércio de penas entre as primeiras décadas do século XIX e o início do século XX. No auge da moda na Europa e na América do uso de chapéus de plumas e penas, considerando-se apenas os dados das exportações legais, o Brasil vendeu, entre 1901 e 1905, cerca de 600 quilos de penas para a Alemanha, Inglaterra, França e Estados Unidos. Entre 1910 e 1914, a exportação legal somou vinte mil quilos. Os espécimes mais apreciados eram emas, garças, guarás, papagaios, periquitos, araras, gaturamos, tucanos, beija-flores e saracuras. A extensão desses dados exige a consideração de dois fatores. Primeiramente, cada animal contribuía com umas poucas míseras gramas de penas. Em segundo lugar, o contrabando nos rincões mais distantes do país – onde os caçadores atuavam acobertados pela ineficácia do controle governamental – fazem dessas cifras uma frágil aproximação da real matança de pássaros naqueles anos. Havia, ainda, o comércio do couro de pássaros. No Rio de Janeiro, uma só fazenda exportava anualmente 20 mil couros de beija-flores para a França. Em inúmeras cidades litorâneas brasileiras, vendiam-se centos de couros de aves a preços irrisórios, para serem depois leiloados em Londres, gerando protestos de cientistas como Emílio Goeldi, diretor do Museu do Pará, Hermann von Ihering, do Museu Paulista e Edgar Roquette-Pinto, do Museu Nacional, dentre outros.

Recentemente, criou-se ainda um patamar surpreendente para a compra e venda de natureza, com a entrada em vigor, em 2005, do Tratado de Kyoto. Assinado em 1997, em Kyoto (Japão), com a adesão de 141 países (incluindo o Brasil) seu objetivo é reduzir em 5,2% – no período entre 2008 e 2012 – a emissão de gases responsáveis pelo efeito estufa, considerando-se os níveis de emissão de 1990. De todos os países adeptos, 39 têm a obrigação de cumprir as metas logo na primeira fase, número selecionado entre aqueles considerados mais desenvolvidos e, não por pura coincidência, mais poluidores. Caso não o façam, terão de realizar os cortes previstos adicionados de 30%, em uma segunda fase a se iniciar em 2013. Como muitos países ricos se veem em sérias dificuldades para o cumprimento das regras, iniciou-se uma grande negociação internacional de cotas de emissão de dióxido de carbono. Os países com saldo de poluição vendem sua "cota" para aqueles que têm os limites estourados.

Em fevereiro de 2005, o secretário de Energia da Noruega e o grupo empresarial norueguês Nordpool inauguraram a primeira bolsa mundial de cotas de poluentes, em que as mais variadas empresas podem negociar compra e venda de cotas de emissão. Durante o período de inauguração, o valor das cotas variou entre sete e nove Euros por tonelada e o volume de venda diário previsto era de 30 a 65 mil toneladas de dióxido de carbono lançadas na atmosfera. Nos primeiros dez dias de negociação, foram vendidas 371 mil toneladas de CO^2 (ou seja, algo entre 2,5 milhões e 3,3 milhões de Euros), o que foi considerado: um sucesso empresarial.[1] Ao já bem conhecido "tempo é dinheiro", soma-se agora outro dito, "natureza é dinheiro".

Enfim, em torno da natureza constituiu-se um verdadeiro terreno de práticas e debates os mais variados: negócios, tratados internacionais, busca de fontes de satisfação do homem sedento de paraísos, estímulo ao turismo e à ousadia das aventuras ecológicas, e tantos outros desdobramentos. Entretanto, promessa de um Éden, a natureza pode rapidamente transformar-se em inferno. Muitas vezes, isso decorre da ação do homem, como é o exemplo do efeito estufa, atribuído pela maioria dos cientistas ao lançamento de gases na atmosfera gerado pelas nossas indústrias, carros, etc. Há ainda os acidentes nucleares ou vazamento de navios petrolíferos, contaminando água e ar, exterminando e adoecendo homens e animais. Outros exemplos seriam as guerras, que certamente causam estragos ecológicos quase imensuráveis.

---

[1] Nessa mesma época, a cotação do Euro equivalia a R$ 3,44. Assim, uma tonelada de emissão era negociada entre R$24,08 e R$30,96, quando o salário mínimo do Brasil era de R$ 260,00. O valor movimentado nos dez primeiros dias equivaleu a cerca de 9 a 11,5 milhões de reais, ou seja, cerca de um milhão de reais por dia, e isso apenas no início da abertura dos negócios na área.

Mas há uma outra dimensão catastrófica na qual se evidencia a radical alteridade da natureza, ou seja, a existência de um caráter absolutamente independente do desencadeamento de certos fenômenos naturais em relação ao homem: erupções vulcânicas, eras glaciais, terremotos, maremotos, queda de meteoros, tufões, alterações do clima por explosões solares. Os homens podem dar os mais variados sentidos ao Tsunami que assolou várias áreas do oceano Índico, em dezembro de 2005. Imagens fotográficas da tragédia percorrem o mundo e emocionam a todos, personalidades charmosas como Sandra Bullock e Leonardo de Caprio doam milhões para as vítimas, George Bush e Bill Clinton visitam locais atingidos pela tragédia em grande estilo, enquanto os moradores das cidades litorâneas de todo o mundo passaram a investigar suas ondas e indagar-lhes se elas também podem se transformar em monstros devoradores. De repente, o paraíso prometido em folhetos turísticos transformou-se no pior pesadelo. Mas, no meio de todas essas práticas constituídas em torno desse evento sísmico, há que se afirmar, mantendo prudente sabedoria, o ser autônomo da natureza. Considerar isso seriamente contribui para minar a postura – tão arrogante como corrente – de um homem autocentrado, confiante que todo o mundo foi criado apenas em função dele próprio, imaginando-se tão poderoso a ponto de achar que tudo depende apenas de suas ações.

Enfim, a reflexão não pode se contentar com respostas unívocas: achar que toda a natureza é *apenas* uma criação nossa pode desencadear uma conclusão catastrófica: a de que teríamos uma espécie de carta branca para fazer dela o que mais nos aprazer ou convier. Por outro lado, se ignorarmos como as imagens da natureza, presentes em nossa sociedade, são construções culturais, ingenuamente endossamos concepções historicamente criadas como se fossem as únicas possíveis, perdendo a chance de questioná-las e transformá-las. Como disse o antropólogo Eduardo Viveiro de Castro, cada sociedade tem a natureza que merece, e isso porque não há como dissociar a nossa tarefa de reinventar nossas relações com a natureza com a necessidade de reinventar nossas sociedades. Nessas vias de mão dupla, há muito que percorrer.

Natureza e historiadores

No primeiro capítulo, vimos que os historiadores têm se dedicado intensamente ao tema da natureza, fundando mesmo um novo campo de conhecimento ao qual denominaram História Ambiental. Com isso, mostram-se afinados ao seu tempo e sensíveis ao diálogo com os seus contemporâneos. Mas é muito importante destacar que – apesar da "febre" da história ambiental – o tema da natureza não é uma completa novidade, mas marcou as análises de vários e importantes estudiosos da história do Brasil e de vários outros países, como França e Inglaterra.

No caso do Brasil, poderíamos destacar três autores clássicos em cujas obras o estudo das relações entre a sociedade e a natureza foi realizado de forma magistral, ainda na primeira metade do século XX. O primeiro é o cearense João Capistrano de Abreu (1853-1927), um dos fundadores dos estudos históricos no Brasil. Autodidata e dotado de uma incansável curiosidade intelectual, publicou uma obra de grande importância, "Capítulos de História Colonial", em 1907. Logo nas primeiras páginas, o autor detém-se numa preciosa análise dos aspectos físicos do território brasileiro, abordando sua formação geológica, suas bacias hidrográficas, seu relevo, sua vegetação e sua fauna. Mas tudo isso não é feito como uma mera introdução desconectada da análise histórica pretendida pelo autor. O cuidado da descrição justifica-se pela clara intenção do autor de mostrar as condições em que as sociedades e as culturas indígenas se instituíram, ou ainda aquelas condições encontradas e transformadas pelos colonizadores.

Ao descrever a configuração do litoral, por exemplo, Capistrano de Abreu ressaltava as dificuldades de navegação pela inexistência de transições adequadas entre o mar e a terra, com poucas exceções de locais onde havia condições favoráveis para o aporte de embarcações maiores. O autor se detém também nas formas do trato da terra, na descrição das práticas de agriculturas, da aclimatação de plantas, assim como a quase inexistência de práticas de domesticação de animais pelos indígenas e a introdução de animais europeus naquelas paisagens pelo colonizador. A vastidão do território foi gradativamente invadida por fazendas e pastagens a perder de vista, povoadas por bois, cavalos, galinhas e vários outros animais domésticos, configurando uma verdadeira vitória sobre a densidade das matas, com o esforço de várias gerações. Indica ainda o paralelo entre o avanço do gado e ocupação do território, numa história do homem indissociável da história de seus bois, seja na abertura de caminhos, na abundância de leite e carne, na utilização do couro para a porta das cabanas, para o leito simples sobre o chão ou a cama em que as mulheres pariam, para a confecção das cordas, do alforje para levar comida, da mala para guardar a roupa, enfim, constituiu-se uma verdadeira "civilização do couro". A análise de Capistrano de Abreu revela-se atenta às paisagens, aos rios, à terra, às plantas e animais com os quais os homens lidaram na construção da sociedade brasileira e na ocupação do território que viria a ser o Brasil. José Carlos Reis, outro historiador, ressalta como Capistrano estudou a natureza não para simplesmente apresentá-la como um elemento de determinação da sociedade (ou seja, um homem meramente submetido a tais condições e por elas subjugado), mas sim por acreditar na necessidade de uma atenção minuciosa sobre o meio natural no qual os homens construíam suas existências.

Caio Prado Júnior (1907-1990) foi outro historiador cujas análises nunca dissociaram sociedade e natureza. Paulista, grande amante da história e da geografia, mesmo quando já era um intelectual reconhecido, nunca se limitou a estudar em seu gabinete, mas adorava viajar pelo Brasil em seu valente Fusquinha, olhando atentamente suas paisagens. Ao estudar o passado colonial, publicou uma importante obra intitulada "Formação do Brasil contemporâneo", em 1942, na qual ressaltou como a atividade monocultora assumiu um aspecto comercial devastador, com a exploração absurda dos recursos naturais em proveito da economia portuguesa. A conquista fazia-se pelo contínuo esgotamento da natureza de uma região que, uma vez arruinada, era abandonada em proveito de outras empresas e outras terras, deixando para trás farrapos de homens, matas derrubadas, solos exauridos, rios lixiviados. Ao chegarem ao Brasil, os colonizadores portugueses se defrontaram com trópicos brutos e matas densas, uma natureza hostil ao homem. Movidos pela lógica da exploração em curto prazo, não se articularam para atuar estratégica ou racionalmente frente às dificuldades encontradas: antes, os portugueses responderam da forma mais imediata, simplesmente destruindo tudo o que impedia a realização de suas perspectivas de lucros fáceis. Caio Prado detém-se na descrição dos rastros de destruição pelas queimadas, na extração descontrolada de madeiras para os arsenais da Marinha Real Portuguesa, no consumo indiscriminado de lenha com o uso de madeiras nobres para alimentar os fornos dos engenhos (ao mesmo tempo em que incineravam o bagaço da cana, que poderia ser aproveitado). Mostra ainda como a fatal separação das áreas de agricultura e pecuária impediu o aproveitamento do estrume como adubo natural. Falta de reposição de nutrientes, derrubadas e queimadas consecutivas eram fatores de empobrecimento vertiginoso dos solos.

Considerando as relações entre os homens indissociáveis das relações dos homens com a natureza, Prado Júnior concluía que na lógica de exploração colonial não havia outra possibilidade além da devastação. Segundo ele, só uma transformação histórica radical podia alterar esse quadro. Apenas o rompimento definitivo com o passado colonial possibilitaria a constituição de uma sociedade brasileira moderna na qual os desafios da natureza tropical fossem vencidos por uma ação humana racional, construtiva, com a proteção dos solos, dos rios, das matas e toda a vida ali existente.

Sérgio Buarque de Holanda (1902-1982), um dos maiores historiadores brasileiros de todos os tempos, merece grande destaque quando o tema é natureza. Uma de suas obras mais importantes é "Monções", publicada em 1945, na qual ele estuda as expedições através dos rios em direção ao oeste no Brasil colonial, com grande destaque para o enfrentamento dos obstáculos representados pelo meio natural. Para conseguir avançar, os colonizadores aceitaram e assimilaram as formas de sobrevivência e os saberes dos índios que encontraram, adaptando-as – é claro – às suas próprias experiências e necessidades. Os pioneiros precisavam ser astuciosos para enfrentarem o meio hostil, o cansaço, a natureza agreste e as doenças tropicais. Deviam distinguir os frutos comestíveis, as ervas medicinais, a melhor forma de caminhar na mata e a postura adequada dos pés (que deveriam estar descalços), as formas de orientação no meio da floresta densa. Aprenderam ainda a utilidade da canoa, tal como feita pelos indígenas (escavada no tronco de grandes árvores), para desbravar rios encachoeirados. As viagens duravam muitos dias, exigindo a permanência em canoas estreitas, com a visão contínua de matas interceptando o horizonte, os nevoeiros da noite e da madrugada. Beneficiavam-se da fartura de peixes e da abundância de caça nos rios de fauna fluvial opulenta, mas também sofriam as pestes de morcegos e mosquitos. Enfim, tratava-se de uma experiência nunca antes vivida por aqueles homens que deparavam com um meio ao mesmo tempo hostil e generoso.

Os homens mudavam e as paisagens também, com a destruição sistemática e progressiva das árvores: a cada cachoeira maior, os aventureiros a contornavam, abandonavam a canoa antiga e faziam outra para continuar em frente. Em poucas décadas, tornaram-se raras as árvores maiores, a terra empobreceu-se, a mata em torno dos rios perdeu a densidade. Com o povoamento, chegavam ainda outros invasores, como porcos, galinhas, ratos, gatos e, posteriormente, o gado. Enfim, transformaram-se as paisagens, a vegetação, a fauna. Em outro livro de 1954, "Visão do Paraíso", Sérgio Buarque denunciou novamente a prática do desfrute irresponsável das riquezas naturais, uma postura de "colher sem plantar", acarretando uma devastação incontrolável ao longo da história do Brasil, numa sucessão de Eldorados que parecia não ter fim: o do açúcar, o do tabaco, do café, numa "procissão de milagres" em que os homens lidavam com a natureza como se ela fosse inesgotável, na Colônia, no Império e, infelizmente, na República.

Seriam esses autores os "precursores" da história ambiental no Brasil? Como se afirmou páginas atrás, a busca de origens é inimiga do pensamento histórico. Seria um grande erro projetar a história ambiental produzida atualmente sobre tais obras históricas. Esses historiadores criavam sentidos para a natureza, e muitos desses sentidos continuam valendo para nós atualmente, mas eles dialogavam com o Brasil de seu tempo. Aqueles eram anos de afirmação de uma nacionalidade brasileira e conflitos em torno do funcionamento das instituições republicanas, tempo de práticas cívicas e estímulo ao patriotismo sempre calcados no elogio de uma natureza grandiosa e inesgotável, época do surgimento dos primeiros parques nacionais no Brasil, protegidos como parte do patrimônio da Nação. Mas também naquelas décadas se afirmavam modelos econômicos industrializantes e uma confiança no progresso como solução mágica para os problemas do Brasil, com maciça entrada de capitais estrangeiros e a projeção de novos rumos para a Nação, especialmente durante a ditadura Vargas, cujo governo adotou como um de seus lemas o apelo a uma "marcha para o oeste". Finalmente, ao longo dos anos 1940, assistiu-se à galopante ascensão dos ideais desenvolvimentistas.

Os autores citados discorreram sobre os rios, as matas, os animais, a diversidade da vida, e os desequilíbrios gerados pela destruição. Ao contrário de muitos dos homens de sua época, não se renderam a discursos ufanistas, declamando de forma vazia as belezas do Brasil, nem se gabavam da grandeza do território num espírito nacionalista eivado de orgulho, nem se perderam num elogio constante e vazio de uma "natureza nacional". Analisaram o território como um espaço constituído pela história, numa perspectiva de interdependência entre o homem e seu meio. Suas obras foram absolutamente originais em sua época e mantêm seu interesse para nós, demonstrando – por outros motivos que não os nossos atuais – como os historiadores de outras gerações também se dedicaram ao estudo da natureza e afirmaram sua relevância para a compreensão da trajetória humana.

Caminhos e fronteiras da História Ambiental

Seria possível elencar ainda inúmeros exemplos de historiadores de outras gerações e de outros países em cujas obras a natureza aparece como um tema privilegiado. É o caso de Fernand Braudel, autor de uma obra importantíssima sobre o mar Mediterrâneo e toda a vida humana que se desenrolou em torno dele. É também o caso de Emmanuel Le Roy Ladurie, com sua obra maravilhosa sobre uma aldeia herética medieval, Montaillou, na França, além de seus estudos sobre a história do clima e suas relações com a sociedade. Destacam-se as análises das práticas agrárias do feudalismo por Marc Bloch, ou mesmo a história dos camponeses medievais realizada por Georges Duby. Jacques Le Goff também não poderia deixar de ser mencionado, com seus estudos do imaginário medieval sobre a natureza maravilhosa dos lugares distantes da Europa. O inglês Raymond Williams abordou as relações entre o campo e a cidade a partir de fontes literárias. Ou ainda Keith Thomas e sua análise sobre as relações entre os homens e o meio natural na Inglaterra moderna. Não são historiadores autointitulados ambientais, mas suas análises magistrais privilegiaram a construção cultural e histórica do meio natural: são textos marcantes, estimulantes, transformadores de nossa perspectiva sobre a história das sociedades humanas.

Nesse momento de nosso texto, seria talvez exaustivo abordar cada uma dessas obras. Assim, opto por apenas indicá-las e recomendar aos mais aficionados pela história que não percam a chance de lê-las. Torna-se necessário, agora, esclarecer um pouco sobre a História Ambiental, mencionada desde o início do livro e que tem conquistado tantas adesões. Pois bem, a História Ambiental foi, primeiramente, criada e sistematizada por historiadores norte-americanos. E, em alguns casos, eles se apresentam como absolutos inovadores, como se a história nunca tivesse abordado o tema da natureza antes. Basta lermos qualquer livro de Sérgio Buarque de Holanda ou de Fernand Braudel para discordarmos imediatamente dessa pretensão.

Não obstante, o norte-americano Donald Worster afirmou que os historiadores nunca antes tinham acreditado ser sua tarefa considerar a relação entre a humanidade e a natureza, e o mundo não humano havia sido ignorado por completo. Tal postura, segundo ele, explicaria o desinteresse das novas gerações pelo passado, apesar da intensa produção da área, com a recuperação quase total da memória dos oprimidos, como mulheres, minorias étnicas e sociedades não ocidentais. Para que a história pudesse realmente tornar-se importante para o homem contemporâneo, ela deveria reinventar-se e voltar-se para o tema mais importante do século XXI, ou seja, a condição ecológica dos seres humanos, sob pena de tornar-se um saber irrelevante. Worster aconselha a os historiadores a comprarem sapatos apropriados, e a saírem para o trabalho de campo, dispostos a boas caminhadas para a realização de uma história ambiental, definida como por este autor como aquela que "trata do papel e do lugar da natureza na vida humana".

Nessa nova empreitada, o conhecimento histórico deve buscar comunicação com as mais diversas áreas, incluindo a geografia, a geologia, a botânica, a zoologia, a paleontologia, a agronomia, a climatologia, a ecologia, a demografia, a química, a história da ciência e tantas outras quantas se tornarem necessárias. A história ambiental apresenta-se como uma prática de conhecimento eminentemente interdisciplinar. Os campos de interesse são amplos e muitos poderiam ser os exemplos. Há uma história das mudanças climáticas e seus impactos, como no caso das variações do regime de chuvas na Europa medieval, ao longo do primeiro milênio de nossa era cristã, ou o estudo da desertificação de várias regiões na África pelo desflorestamento após a Segunda Guerra Mundial. Há a possibilidade de uma história da poluição ambiental, com o estudo, por exemplo, das condições de vida e trabalho em cidades muito industrializadas: poderíamos pesquisar a cidade de Cubatão, onde a poluição atingiu níveis drásticos, nos anos 1970, e muitas crianças nasceram com anencefalia (ou seja, ausência de cérebro). Há ainda fatos históricos que envolveram a contaminação nuclear: alguém poderia fazer uma história das cidades de Hiroshima e Nagasaki, privilegiando o enfoque das consequências do ataque nuclear de 1945, na sociedade, na agricultura, na saúde das pessoas, nas fontes de água da região, na fauna e flora, etc.

Abre-se também o campo do estudo dos impactos da tecnologia sobre o meio ambiente: por exemplo, a contaminação dos solos após a invenção das pilhas e baterias e suas consequências para a sociedade, ou ainda o acúmulo de garrafas *pet* nos rios e mares após o sucesso impressionante dessa prática embalagem, com as consequentes modificações das paisagens e da fauna e flora lacustre e marítima, fatos esses que acarretam efeitos tanto econômicos como culturais. Novas práticas produtivas acarretam a manipulação de recursos naturais para a produção de bens, com consumo de energia e materiais, gerando resíduos cujo retorno ao meio natural traz consequências diversas. O estudo das atividades mineradoras também traz inúmeras possibilidades: em uma análise interdisciplinar que inclui a história ambiental, a história da técnica e da ciência, o historiador Mauricio Folchi analisa a variação dos efeitos ambientais da exploração e beneficiamento dos minerais metálicos nas minas do Chile, país onde a exploração do cobre representa uma das principais bases econômicas há muitas décadas. A crescente complexidade das técnicas empregadas ao longo do tempo envolveu práticas mecânicas, químicas e biológicas, com evidente transformação das paisagens, esgotamento dos recursos e deterioração das condições de vida e saúde de pessoas, animais e plantas. As mudanças técnicas acarretaram ainda uma importante desestruturação social, pelas mudanças políticas de acesso aos recursos e redistribuição do território.

Pode-se ainda pesquisar o papel dos incêndios na natureza e na sociedade, tanto aqueles provocados, como os espontâneos: uma história das práticas de coivara pelos indígenas brasileiros e sua adoção pelos portugueses, ou o papel dos incêndios na história da Califórnia, nos Estados Unidos. O historiador Stephen J. Pyne escreveu uma polêmica e densa obra sobre o uso cultural do fogo na América do Norte, avaliando fatos diversos, tais como o efeito destruidor nas florestas quando de seu uso pelas populações indígenas, assim como a grande movimentação da sociedade e do governo norte-americanos entre 1870 e 1970 em torno da mobilização de recursos humanos, econômicos e científicos para evitar e/ou controlar os incêndios. Como em muitas áreas, esses incêndios ocorriam natural e periodicamente, a ação humana de controle acabou por acarretar modificações nas paisagens, possibilitando a existência de florestas permanentes, onde antes só existiam vegetações menos densas ou, ainda, matas marcadas por contínuas renovações.

Há uma história das enfermidades e da dispersão dos microrganismos, relacionada ao encontro entre diferentes sociedades ou mesmo à destruição ambiental, como ocorreu nos primeiros contatos entre os indígenas do Brasil e os portugueses, ou como no caso recente do mal da Vaca Louca e suas relações com a história das práticas de pecuária industrial e do comércio internacional de alimentos, ou ainda nos inúmeros exemplos de contaminação de humanos pelo "despertar" de microrganismos antes "sossegados" em determinados ambientes, como se suspeita em relação ao Ebola ou ainda como ocorreu com a doença de Chagas no processo de ocupação do território brasileiro. Alfred Crosby, em um detalhado estudo sobre a expansão biológica da Europa entre 900 e 1900 e a consequente expansão dos patógenos, aponta como os germes do Velho mundo cruzaram os oceanos por meio da intermediação de marinheiros e conquistadores, causando efeitos demográficos avassaladores nas populações indígenas e propiciando a ação dos invasores. Doenças como males venéreos, varíola, sarampo, difteria, tracoma, coqueluche, catapora, peste bubônica, febre tifoide, cólera, gripe e dentre outras, apresentavam ameaças fatais para os organismos de povos nativos até então isolados, enquanto os invasores possuíam alguma imunidade adquirida ao longo do tempo. Para Crosby, o maior desastre demográfico do mundo foi iniciado por navegadores como Colombo e Cook e atuou em benefício dos invasores europeus pois esses provocavam, logo nos primeiros contatos, uma abrupta baixa populacional entre os nativos, diminuindo significativamente a sua possibilidade de resistência ou luta. É claro que a falta de imunidade não ocorreu num vácuo social e político, como alertam alguns antropólogos: um dos fatores que também contribuíram para a propagação das doenças foi a política de concentração em aldeamentos, pelos missionários, de povos indígenas antes isolados entre si, aumentando contatos e favorecendo epidemias.

Cenas do transporte de cavalos através dos oceanos em direção ao Novo Mundo, onde passaram a fazer parte das paisagens.
(CROSBY, Alfred, 2000)

Há uma história da aclimatação de plantas e da expansão dos animais pelos mais variados continentes, como no caso da chegada de várias plantas na América ou de sua aclimatação em outras partes do mundo. Assim, algumas pessoas se surpreendem ao saber que frutas como a manga, o caqui, a laranja, o mamão, a melancia e até a banana (quase um símbolo do Brasil, desde que Carmem Miranda usou um enfeite na cabeça com um cacho dessas deliciosas frutas) não são originárias do Brasil. Da mesma forma, foram os europeus os importadores dos bois, galinhas, cabras, cavalos, e vários outros animais que passaram a dividir as paisagens brasileiras com os animais autóctones. Crosby compara o colonizador a um Midas botânico, capaz de mudar a flora por onde quer que passe, além de provocar uma verdadeira avalanche de animais domesticados nas terras conquistadas. Nessa estimulante ampliação de temas, novos desafios se abrem para a história.

Ainda segundo Worster, os historiadores têm muito a ensinar aos outros estudiosos, como o fato dos seres humanos interagirem com a natureza há dois milhões de anos e dela ser, portanto, também um produto da influência humana. Também estimulam os cientistas a constatar e admitir suas próprias ideias sobre a natureza – mesmo os modelos mais abstratos e racionais – como produtos históricos e sua linguagem científica como carregada de sentidos culturais. Finalmente, os historiadores auxiliam na busca de soluções para os impasses atuais da sociedade e no esclarecimento das razões de nossa aguda crise contemporânea.

A história ambiental ganhou muitos adeptos para além dos Estados Unidos, como já foi mencionado no primeiro capítulo. O espanhol Manuel González de Molina relaciona o surgimento da historia ecológica à crise da historiografia moderna. Segundo ele, a história se restringiu ao estudo de situações muito especiais (com a predominância de estudos de casos muito específicos, uma "história em migalhas") levando à perda de um caráter objetivo e científico, exigindo assim o estabelecimento de um novo patamar de análise. A história ecológica surge cheia de possibilidades e ofereceria um novo impulso globalizador do conhecimento, evidenciando o caráter inseparável dos sistemas sociais e ecológicos e do processo de coevolução do homem e do meio ambiente em que vive.

Outra autora, Stefania Gallini, discute se a História Ambiental seria apenas mais uma estratégia de mercado para vender livros. Negando tal perspectiva, define a nova área como o estudo de como os seres humanos foram afetados pelo meio ambiente e como este, por sua vez, foi transformado pelas sociedades. Sistematiza ainda as três direções principais nas quais a massa crítica de historiadores atraídos pela História ambiental tem investido suas reflexões: a interação das sociedades com ecossistemas particulares e em contínua mudança, as noções culturais variáveis da relação homem/natureza e as diversas ideias de natureza e de recurso natural ao longo do tempo, a história das políticas ambientais e do ambientalismo.

Para José Augusto Drummond, algumas características metodológicas da história ambiental apresentam importantes inovações, como o enfoque das variadas regiões e suas identidades naturais, o diálogo sistemático com as ciências naturais, o interesse pelas interações entre o quadro de recursos naturais úteis ou inúteis nos diferentes momentos civilizatórios das sociedades humanas (por exemplo: o petróleo só adquiriu utilidade em nossa sociedade, assim como o minério de ferro, o ouro e os diamantes não eram objeto de interesse para as populações indígenas pré-colombianas no território atual do Brasil, assim como as pastagens naturais não são importantes para sociedades que não domesticam animais herbívoros). Destaca-se ainda a necessidade de lidar com fontes extremamente variadas e, finalmente, um indispensável trabalho de campo, no qual as paisagens se transformam em documentos e as indagações se dirigem aos aspectos da flora, da fauna, das marcas rurais e urbanas deixadas pela ação humana.

Se a indagação das paisagens não é uma prática nova entre os historiadores, estudos recentes de história ambiental a elevaram à dupla condição de objeto histórico e documento histórico. Há uma história das florestas, como a história da mata Atlântica realizada por Warren Dean que, num sobrevoo a sete mil metros de altitude pelo sudeste brasileiro, perscrutava as cicatrizes deixadas pelo trabalho humano, como voçorocas talhadas por séculos de práticas imprevidentes de mineração, agricultura e pecuária, extensões ocupadas por plantações de eucaliptos, estradas, áreas reflorestadas, cidades encravadas nas montanhas, áreas de plantio e rios ressecados e poluídos. O olhar apurado buscava a devida distinção das formas de configuração dos solos, da existência de espécimes vegetais aclimatadas, das diferenças entre uma floresta primária e secundária.

Há também uma história das paisagens construídas pelos europeus acerca da natureza tropical. Desenhos de história natural, imagens de trabalhos científicos, pinturas artísticas e fotos desempenharam um papel inegável na construção de uma imagem ocidental dos trópicos, como aponta a americana Nancy Stepan, em estereótipos de um mundo mais primitivo e mais puro, mas também selvagem e oposto ao mundo europeu e civilizado. Destaca-se ainda uma história possível das paisagens rurais e urbanas, em que se distinguem panoramas dos campos e cidades, entre bosques e florestas, mas também áreas agrícolas, pastagens, extensão dos horizontes por estradas e ferrovias, assim como ocupação de vastas extensões pelo crescimento das cidades. Isso também inclui a história dos rios que cortam campos e cidades e das relações de seus habitantes com eles, seus usos sociais, assim como a ocorrência de tempestades e enchentes e suas consequências na vida das pessoas e a modificação das paisagens pela alteração da topografia do entorno ou por construções.

Surge ainda o interesse pelo estudo das relações dos citadinos com suas áreas verdes urbanas, como parques, jardins e ruas arborizadas. Na modificação da paisagem por plantios ou derrubadas, as formas como as imagens construídas sobre a cidade são mescladas à das árvores que sombreiam suas ruas ou se fazem notar nas paisagens dominadas pelo concreto possibilitar realizar uma análise histórica de uma cidade sob esse ponto de vista. Como exemplo, poderíamos ousar uma história das áreas verdes que emolduram de longe o corre-corre dos paulistanos, como o parque do Ibirapuera; ou da floresta da Tijuca presente nas paisagens de cartão postal do Rio de Janeiro, ou ainda uma história das políticas de arborização urbana de Belo Horizonte, cidade projetada no início do período republicano como uma "cidade-jardim". Outra questão essencial refere-se ao tipo de árvores privilegiadas pelas políticas públicas em diferentes momentos históricos, com a adoção de espécimes aclimatados ou árvores pertencentes ao ecossistema da região, o que pressupõe concepções diversas da natureza a ser abrigada pelo espaço urbano, além de acarretar claras repercussões na avifauna local e na variedade de alguns tipos de insetos. Todos esses fatores constituem-se em elementos extremamente dinâmicos das paisagens urbanas e sua transformação influi na vida cotidiana e na memória coletiva dos habitantes. A história das relações dos habitantes de uma cidade com sua vegetação e com as paisagens rurais em seus arredores pode evidenciar como há uma grande historicidade na forma como os homens plantaram e derrubaram suas árvores, colheram seus frutos ou refrescaram-se às suas sombras.

Assim, mesmo que não concordemos com a pretensão de originalidade absoluta da história ambiental ou ecológica, sob um ponto de vista, há razão em afirmar seu pioneirismo: certamente nunca houve uma preocupação tão grande em sistematizar e estabelecer métodos de pesquisa e análise da questão, como tem sido feito nas últimas décadas.

Mas seria uma injustiça esquecer-se das palavras do grande historiador francês Lucien Febvre (1878-1956), escritas em 1933. Lembrando-se de seus tempos de estudante em fins do século XIX e início do século XX, citava a sua ansiedade e a de seus colegas pela prática de uma história renovada, na qual se dialogasse com a história econômica, com a história do trabalho humano e com a geografia humana. Ele era um entre os jovens atraídos por *"estudos reais e concretos, por estudos que pareciam fazer penetrar o céu e as águas, as aldeias e os bosques, toda a natureza viva"* e cujo desejo era o de apaixonadamente realizar

> a observação penetrante dos sítios, a percepção aguda das relações geográficas próximas ou longínquas, o exame das marcas deixadas na terra humanizada pelo

labor obstinado das gerações, desde o tempo em que os neolíticos – partindo do que continuaria a ser floresta ou se tornaria terra lavrada – estabeleciam para a sucessão dos tempos os primeiros tipos históricos conhecidos das instituições primordiais da humanidade. (Febvre, 1985, p. 17)

Tais palavras certamente evidenciam como os historiadores já palmilharam muitos territórios, aventurando-se no estudo das relações entre as sociedades humanas e a natureza. E isso já faz parte da própria história....

REFERÊNCIAS

ABREU, João Capistrano de. *Capítulos de história colonial:* 1500-1700 *& os caminhos antigos e o povoamento do Brasil*. 5. ed. Brasília: Editora da UnB, 1963.

ALENCASTRO, Luís Felipe de. *História da vida privada no Brasil*. São Paulo: Cia das Letras, 1997. v. 2.

ARNT, Ricardo Azambuja & SCHWARTZMAN, Stephan. *Um artifício orgânico – transição na Amazônia e ambientalismo*. Rio de Janeiro: Rocco, 1992.

BARBIERI, José Carlos. *Desenvolvimento e meio ambiente*. Petrópolis: [s.n.], 1997.

BLOCH, Marc. *Introdução à história*. Lisboa: Publicações Europa--América, [s.d.].

BLOCH, Marc. *A sociedade feudal*. Lisboa: Edições 70, 1982.

BRASIL HOLANDÊS. Rio de Janeiro: Index/Petrobrás, 1997. 3 v.

BRAUDEL, Fernand. *O Mediterrâneo e o mundo mediterrânico na época de Filipe II*. Lisboa: Martins Fontes, 1983-1984.

BRÜSEKE, Franz Josef. O problema do desenvolvimento sustentável. In: CAVALCANTI, Clovis. *Desenvolvimento e natureza*. São Paulo: Cortez/Fundação Joaquim Nabuco, 1985, p. 29-40.

BUARQUE DE HOLANDA, Sérgio. *Monções*. 3.ed. São Paulo: Brasiliense, 2000.

BUARQUE DE HOLANDA, Sérgio. *Visão do Paraíso: os motivos edênicos no descobrimento e colonização do Brasil*. 6. ed. São Paulo: Brasiliense, 1994.

CARCOPINO, Jérôme. *A vida cotidiana em Roma no apogeu do Império*. Lisboa: Edições Livros do Brasil, [s.d.]

CASTORIADIS, Cornelius; COHN-BENDIT, Daniel. *Da ecologia à autonomia*. São Paulo: Brasiliense, 1981.

CASTORIADIS, Cornelius. *A instituição imaginária da sociedade*. São Paulo: Paz e Terra, 1980.

CASTRO, Eduardo Viveiro de. Prefácio. In: *Um artifício orgânico*. Rio de Janeiro: Rocco, 992.

CRONON, William (Ed.). *Uncommon Ground – Rethinking the Human Place in Nature*. New York: W. W. Norton & Company, 1996.

CROSBY, Alfred. *Imperialismo ecológico, a expansão biológica da Europa* (900-1900). São Paulo: Cia das Letras, 2000.

CUNHA, Manuela Carneiro da; ALMEIDA, Mauro Barbosa de. *Enciclopédia da floresta – o Alto Juruá, práticas e conhecimentos das populações.* São Paulo: Cia. das Letras, 2002.

CUNHA, Manuela Carneiro da. *História dos índios no Brasil*. São Paulo: Cia das Letras, 1992.

DARWIN, Charles. *On the Origin of Species*. Cambridge: Harvard University Press, 2001.

DEAN, Warren. *A ferro e fogo – a história e a devastação da Mata Atlântica Brasileira*. São Paulo: Cia. das Letras, 1996.

DIAS, Maria Odila Leite. *Aspectos da Ilustração no Brasil*. Revista do IHGB, n. 289, 1969.

DIEGUES, Antônio Carlos. *O mito moderno da natureza intocada*. 3. ed. São Paulo: HUCITEC, 2001.

DIEGUES, Antônio Carlos. Etnoconservação da natureza: enfoques alternativos. In: *Etnoconservação, novos rumos para a proteção da natureza nos trópicos*. São Paulo: Hucitec, 2002. p. 1-46.

D'INCAO, Maria Ângela (Org.). *História e ideal – ensaios sobre Caio Prado Júnior*. São Paulo: Brasiliense, 1989.

DRAYTON, Richard. *Nature's Government: Science, Imperial Britain, and the "Improvement" of the World*. New Haven: Yale University Press, 2000.

DRUMMOND, José Augusto. A história ambiental: temas, fontes e linhas de pesquisa. *Estudos Históricos*, Rio de Janeiro, 4 (8), p. 177-197.

DRUMMOND, José Augusto. *Devastação e preservação no Rio de Janeiro*. Niterói: Eduff, 1997.

DRUMMOND, José Augusto. A legislação ambiental brasileira de 1934 a 1988: comentários de um cientista ambiental simpático ao conservacionismo. In: *Ambiente e sociedade*. Campinas, ano II, n 3, 127-149, 1998/1999.

DUBY, Georges. *Guerreiros e camponeses, os primórdios do crescimento econômico europeu*. Lisboa: Editorial Estampa, 1980.

ESCOBAR, Arturo. *Encountering Development – The Making and Unmaking of the Third World*. Princeton: Princeton University Press, 1995.

FEBVRE, Lucien. *Combates pela história*. 2. ed. Lisboa: Editorial Presença, 1985.

FERREIRA, Lúcia da Costa *et al*. Conflitos sociais em áreas protegidas no Brasil: moradores, instituições e ONGs no Vale do Ribeira e litoral sul. *Idéias*, SP, 8, p. 115-149, 2001.

FIGUEIROA, Silvia. *As ciências geológicas no Brasil: uma história institucional*. São Paulo: Hucitec, 1997.

FOLCHI, Mauricio. Los efectos ambientales de minerales metálicos: un marco de análisis para la historia ambiental. Belo Horizonte: UFMG, 2005. (*Varia Historia*) p. 33.

FOUCAULT, Michel. *Microfísica do poder*. Rio de Janeiro: Graal, 1982.

FURTADO, Júnia Ferreira (Org). *Diálogos oceânicos – Minas Gerais e as novas abordagens para uma história do Império Ultramarino Português*. Belo Horizonte: Ed. UFMG, 2001.

GOELDI, Emílio Augusto. *As aves do Brasil* Rio de Janeiro: Livraria Clássica de Alves e Cia, 1894. p. 214-243. 2v.

GORZ, André. *Ecology as Politics*. Montréal: Black Rose Press, 1980.

GALLINI, Stefania. Invitación a la historia ambiental. *Cuadernos Digitales: publicación electrónica en historia, archivística y estudios sociales*. v. 6 (18), octobre 2002.

GRIMAL, Pierre. *A vida em Roma na Antigüidade*. Lisboa: Publicações Europa-América, [s.d.].

GROVE, Richard. *Green Imperialism – colonial expansion, tropical island Edens and the origins of environmentalism, 1600-1860*. Cambridge: Cambridge University Press, 1997.

GUHA, Ramachandra. O biólogo autoritário e a arrogância do anti-humanismo, In: DIEGUES, Antônio Carlos (Org.). *Etnoconservação, novos rumos para a conservação da natureza*. São Paulo: Hucitec/ Nupaub, 2000. p. 81-100.

HOLANDA, Sérgio Buarque de. 6. ed. *Visões do paraíso: os motivos edênicos no descobrimento e colonização do Brasil*. São Paulo: Brasiliense, 1994.

HOLANDA, Sérgio Buarque de. *Monções*. 3. ed. São Paulo: Brasiliense, 2000.

IHERRING, Hermann von. Necessidade de uma lei federal de caça e proteção das aves. *Revista do Museu Paulista III* (1902), p. 228-260.

LADURIE, Emmanuel Le Roy. O clima: história da chuva e do bom tempo. In: LE GOFF, J.; NORA, P. (Org.). *História: novos objetos*. 3. ed. Rio de Janeiro: Francisco Alves, 1988.

LADURIE, Emmanuel Le Roy. *Montaillou, cátaros e católicos numa aldeia francesa*, 1294-1324. Lisboa: Edições 70, 1975.

LE GOFF, Jacques. *O maravilhoso e o quotidiano no Ocidente medieval*. Lisboa: Edições 70, 1985.

LEONARDI, Victor. *Os historiadores e os rios: natureza e ruína na Amazônia brasileira*. Brasília: Editora da UnB, 1999.

LEONEL, Mauro. *A morte social dos rios*. São Paulo: Perspectiva, 1998.

LESTRINGANT, Frank. *O canibal, grandeza e decadência*. Brasília: Editora UnB, 1997.

LISBOA, Frei Cristóvão de. *Historia dos animaes e arvores do Maranhão*. Lisboa: Instituto de Investigação Científica Tropical/Comissão Nacional para as Comemorações dos Descobrimentos Portugueses, 2000.

LYRA, Maria de Lourdes Viana. *A utopia do poderoso império*. Rio de Janeiro: Sette Letras, 1994.

MATOS, Olgaria C. F. *Paris 1968, as barricadas do desejo*. São Paulo: Brasiliense, 1981.

MILLER, Shawn William. *Fruitless Trees – Portuguese Conservation and Brazil's Colonial Timber*. California: Stanford University Press, 2000.

Manuel González de MOLINA. La crisis de la modernidad historiográfica y el surgimiento de la historia ecológica, In: *Historia e meio ambiente, o impacto da invasão européia*. Coimbra: Centro de Estudos de Historia do Atlântico, 1999. p. 17-51.

MUNTEAL FILHO, Oswaldo. A Academia Real das Ciências de Lisboa e o Império Colonial Ultramarino (91779-1808). In: FURTADO, J. (Org.). *Diálogos oceânicos*. Belo Horizonte: Ed. UFMG, 2001. p. 483-518.

OLMOS, Fábio *et al*. Correção política e biodiversidade: a crescente ameaça das "populações tradicionais" à Mata Atlântica. In: ALBUQUERQUE, Jorge, Cândido Jr. *et al* (Org.). *Ornitologia e conservação*. Tubarão/SC: Editora Unisul, 2001. p. 279-312.

PÁDUA, José Augusto. Natureza e Projeto Nacional – as origens da ecologia política no Brasil. In-*Ecologia e política no Brasil*. Rio de Janeiro: Editora Espaço e Tempo/ IUPERJ, 1987. p. 11-62.

PÁDUA, José Augusto. O nascimento da política verde no Brasil. In: LEIS, Hector. *Ecologia e política mundial*. Rio de Janeiro: Vozes, 1991.

PÁDUA, José Augusto. *Um sopro de destruição – pensamento político e crítica ambiental no Brasil escravista* (1786-1888). Rio de Janeiro: Zahar, 2002.

PRADO JÚNIOR, Caio. *Formação do Brasil Contemporâneo*. 17. ed. São Paulo: Brasiliense, 1981.

PRATT, Mary Louise. Ciência e sentimento, 1750-1800. In: *Os olhos do Império, relatos de viagem e transculturação*. São Paulo: EDUSC, 1999.

PYNE, Stephen J. *Fire in America – A Cultural History of Wildland and Rural Fire*. Princeton: Princeton University Press, 1988.

REDONDO. "O comércio das penas no Brasil". *Brotéria: vulgarização científica*, XV (1917). p. 33-5.

Reis, José Carlos. *As identidades do Brasil, de Varnhagen a FHC*. Rio de Janeiro: Fundação Getúlio Vargas, 1999.

ROQUETTE-PINTO, Edgar. *Rondônia*. 3 ed. São Paulo: Cia. Editora Nacional, 1935.

ROOSEVELT, Anna Curtenius. Arqueologia amazônica. In: Cunha, Manuela Carneiro da (Org.). *História dos Índios no Brasil*. São Paulo: Companhia das Letras, 1992. p. 53-86.

ROSÁRIO, Frei Antônio do. *Frutas do Brasil numa nova, e ascética monarchia*. Lisboa: Officina de Antonio Pedrozo Galram, 1707.

SACHS, Ignacy. *Stratégies de l'écodéveloppement*. Paris: Les Editions Ouvrières, 1980.

SACHS, Wolfang (Org.). *Dicionário do desenvolvimento – guia para o conhecimento como poder.* Petrópolis: Vozes, 2000.

SILVA, José Bonifácio de Andrada e. *Projetos para o Brasil*. Organização de Miriam Dolhnikoff. São Paulo: Cia das Letras, 1998.

SLATER, Candace. *Entangled Edens – visions of the Amazon*. Berkeley: University of California Press, 2002.

THOMAS, K. *O homem e o mundo natural*. São Paulo: Cia. das Letras, 1996.

VIEIRA, Paulo Freire *et al*. *Desenvolvimento e meio ambiente no Brasil: a contribuição de Ignacy Sachs*. Porto Alegre: Pallotti/APED, 1998.

WILLIAMS, Raymond. *O campo e a cidade na história e na literatura*. São Paulo: Cia. das Letras, 1989.

WORSTER, Donald. Para fazer história ambiental. *Estudos Históricos*, Rio de Janeiro, 4(8), 1991, p. 198-215.

WORSTER, Donald. *Transformaciones de la Tierra*. Ciudad de Panamá: Universidad de Panamá, 2001.

OUTROS TÍTULOS DA COLEÇÃO
História &... Reflexões

História & Audiovisual
   Autor: Rafael Rosa Hagemeyer
História & Documento e metodologia de pesquisa
   Autores: Eni de Mesquita Samara e Ismênia S. Silveira T.Tupy
História & Ensino de História
   Autora: Thais Nivia de Lima e Fonseca
História & Fotografia
   Autora: Maria Eliza Linhares Borges
História & Gênero
   Autora: Andréa Lisly Gonçalves
História & História Cultural
   Autora: Sandra Jatahy Pesavento
História & Imagens
   Autor: Eduardo França Paiva
História & Livro e Leitura
   Autor: André Belo
História & Modernismo
   Autora: Monica Pimenta Velloso
História & Música – *História cultural da música popular*
   Autor: Marcos Napolitano
História & Religião
   Autor: Sérgio da Mata
História & Sociologia
   Autor: Flávio Saliba Cunha
História & Turismo Cultural
   Autor: José Newton Coelho Meneses
História, Região & Globalização
   Autor: Afonso de Alencastro Graça Filho

Este livro foi composto com tipografia Times New Roman e
impresso em papel Off Set 75 g/m² Gráfica PSI 7.